강자의 언어

강자의 언어

자유로운
나를 완성하는
첫 번째 아비투스 수업

LINGUISTIC
CAPITAL

김단

클레이하우스
CLAYHOUSE

"언어는 인간의 운명을 결정짓는
가장 강력한 무기다."

지그문트 프로이트

✝

강자는 어떻게
자유로운 삶을 손에 넣는가

인생의 목적은 무엇일까? 잘 사는 것이다. 그렇다면 어떻게 해야 잘 살 수 있을까? 자신이 원하는 바를 유순하게 쟁취해나가면 된다. 언어란 이를 위해 우리가 사용할 수 있는 가장 효과적인 도구다.

동물은 물리적 힘으로 원하는 바를 쟁취한다. 하지만 인간은 말의 힘을 사용할 수 있다. 자연 속 '만인의 만인에 대한 투쟁' 상태를 지양하고 거기 쓰일 에너지를 자신과 공동체의 발전에 사용할 수 있었기에, 인간은 연약한 신체를 갖고도 만물의 영장으로 군림할 수 있었다. 동서양을 막론하고 말의 힘을 능숙하게 다룰 줄 아는 이들은 무리를 이끄는 리더가 되거나, 큰 부를 손에 얻거나, 자신에게 닥친 위기를 슬기롭게 극복하는 등 인생을 잘 살아갈 수 있었다.

하지만 비슷한 내용의 말을 해도 누군가는 실속 없이 떠벌리지만, 누군가는 몇 마디로 원하는 것을 쉽게 얻는다. 둘의 차이는 무엇일까? 고대 그리스에서는 말에 힘을 부여하는 요소를 세 영역으로 나누어 이해했다. 바로 로고스(이성), 파토스(감성), 그리고 에토스다. 앞선 두 영역이 화술과 관련 있다면, 에토스는 체형, 옷차림, 목소리, 성실성, 카리스마 등 그 사람의 삶 자체에서 비롯된 전반적인 품격과 태도를 뜻한다. 약자의 열 마디보다 강자의 한마디가 훨씬 힘이 센 이유가 여기 있다. 약자가 아무리 화려난 말재주를 뽐내도, 에토스를 갖춘 강자의 한마디가 훨씬 믿음직스러운 것이다.

따라서 강자가 되고 싶은 사람은 말의 기술이 아닌, 말의 품격을 높여야 한다. 사회학자 피에르 부르디외는 이를 '아비투스Habitus'라는 개념으로 발전시켜 정리했다. 아비투스에는 한 사람의 심리 상태, 신체적 매력, 지식, 경제력, 언어, 인간관계, 취미 등 그 사람을 그 사람답게 만드는 모든 것이 드러나는데, 사람들은 이를 기준으로 상대의 신뢰성을 판단한다는 것이다.

아비투스를 구성하는 여러 요소 중에서 특히 주목할 만한 것이 언어다. 다른 요소들은 단기간에 바꾸기 어렵지만, 언어만큼은 노력에 따라 단기간에 변화시킬 수 있기 때문이다. 희곡, 뮤지컬, 영화 등으로 널리 사랑받았던 〈마이 페어 레이디〉라는 작품에서 음성학자 히긴스는 친구들과 짓궂은 내기를 한다. 거리에서 꽃을 파는 가난한 여성을 상류층 무도회에 어울릴 만한 이로 바꿀 수 있겠냐는 것이다. 그리고 히긴스는 6개월 만에 그녀를 완벽한 사교계의 스타로 만들어낸다. 발음, 표정, 자세, 섬세한 표현 등의 언어 습관을 교정해 가난한 여성을 품격 있는 교양인으로 만든 것이다.

이 책의 목표는 히긴스의 것과 같다. 독자에게 강자의 언어 습관을 익혀 최상층의 아비투스를 갖추게 하는 것이다. 하지만 여기서 언어 습관은 단순한 말재주를 말하는 게 아니다. 부르디외는 아비투스를 에토스ethos와 엑시스hexis로 구분했는데, 전자는 개인의 판단에 영향을 끼치는 가치 체계, 후자는 그 가치를 실천하는 구체적 습관이나 행위를 말한다.[1] 즉, 이 책은 강자의 엑시스뿐만 아니라 에토스도 함

께 기르는 것을 목표로 안다. 이로써 상녁한 언어사본을 갖
춰, 적게 말하면서도 많이 얻으며 자유롭게 살기를 바란다.

사람들의 감정을 자극하는 화려한 수사나 빗장같이 단
단한 논리는 있으면 좋으나, 없어도 큰 지장이 없다. 오히려
그런 것들은 타인의 반감을 사기 쉬워, 우리가 진정으로 원
하는 것들을 얻는 데 방해가 될 때도 있다. 그래서 동서고금
위대한 사상가들은 한결같이 이렇게 말한다.

힘 있는 말은 다정하고 조용한 말이다.

— 랄프 왈도 에머슨

**인간에겐 입이 하나, 귀가 두 개 있다. 말하는 것보다 듣는
것을 두 배로 하라는 뜻이다.**

—『탈무드』

**말재주를 어디에 쓰겠는가. 약삭빠른 구변으로 남의 말을 막
아서 자주 남에게 미움만 받을 뿐이니, 그가 어진지는 모르
겠으나, 말재주를 어디에 쓰겠는가?**

—『논어』, 「공야장」

**질 나쁜 질문을 하는 자에겐 알려주지 말고, 퉁명스럽게 대
답하는 자에겐 질문하지 말며, 설명이 저질스러운 자에겐 듣**

지 말고, 다투려는 기색이 있는 자와는 말을 섞지 말라.

— 『순자』, 「권학」

이처럼 지혜로운 이들은 한결같이 말재주를 뽐내지 말고, 오히려 말을 아낄 것을 강조한다. 왜 그럴까? 말의 힘은 그것을 함부로 쓸 때가 아니라, 오히려 아낄 때 그 위력을 최대로 발휘할 수 있다는 진리를 알았기 때문이다.

중국 전국시대의 전략가 손무는 『손자병법』에서 이렇게 말한다. 패장은 싸움을 걸어놓고 이길 방법을 찾지만, 명장은 싸우기 전에 이길 조건을 갖춰놓고 승리를 확인할 뿐이라고. 그래서 명장의 싸움은 오히려 싱겁게 끝나는 경우가 많다. 마찰 없이 순조롭게 원하는 것을 얻는 것, 이것이 우리가 평생 추구하고 연마해야 할 궁극의 도道이자, 이 책을 통해 말하고 싶은 '강자의 언어'의 핵심이다.

인간은 누구나 자신의 가치를 상승시키며, 강자로 살고자 한다. 그러려면 단 한 가지만 비워내면 된다. 바로 매사 매 순간에 주인공이 되고자 하는 마음이다. 나 이외에도 다른 모든 사람은 자신이 주인공이 되기를 원하기에, 역설적으로 그 마음을 잘 비워내면 타인의 마음을 쉽게 얻을 수 있다. 그리고 그렇게 사로잡은 타인의 마음을 자기 그릇에 더 많이 담아낸 이가 원하는 모든 걸 얻을 수 있는 강력한 힘을 갖게 된다. 강자에게 필요한 것은 힘을 뽐내는 용맹한 병사의 손이 아니다. 전장을 넓게 바라보고 장기 말을 움직이는 전략가의 날카로운 눈이다. 그걸 손에 넣을 수만 있다면, 우리는 분명 인생에서 더 많은 것을 이뤄낼 수 있다.

예술가 미켈란젤로는 진정한 아름다움은 모든 과잉을 제거한 것이라고 말했다. 언제나 본질은 간명하다. 그 사실을 망각한 기술은 겉으로는 아무리 화려해 보여도, 결국 허무하고 실속이 없다. 이 책은 그런 잔기술이 아닌, 말의 본질을 잘 이해하고 그것을 자신의 언어자본으로 삼아 제대로 활용하기 위한 여러 화두를 던진다. 화두는 그 자체로 진리는 아니지만, 진리에 도달할 수 있는 시작점을 여는 훌륭한 도구다. 여러분이 이 책을 통해 각자의 경험과 지혜를 버무려 자신만의 도에 도달하기를, 그래서 당당하고 자유로운 강자로 살아가기를 바란다.

차례

Part 1

✝

강자는 무엇이 다른가

LINGUISTIC CAPITAL

Chapter 1

강자의 얼굴

나의 가치를 높이는 것

살아 있는 것을 발견할 때마다 나는 권력의 의지도 함께 발견했다.

— 프리드리히 니체

우월성을 추구하려는 마음은 인간을 움직이는 근본적인 동력이다.

— 알프레드 아들러

모든 인간은 칭찬을 갈망하며 살아간다.

— 윌리엄 제임스

인간 본성에 관한 가장 영향력 있는 화두를 제시한 사상가들은 이처럼 비슷한 맥락의 통찰을 내놓았다. 더 나은 존재가 되어, 더 나은 삶을 살기를 바라는 '향상욕'이 곧 인간이라는 종의 본성이라는 것이다. 사자나 호랑이, 심지어 작은 침팬지조차 인간을 헝겊 인형처럼 찢어버릴 수 있는 막강한 힘을 갖고 있지만, 결국 생태계의 지배자로 군림한 것은 인간이다. 털이 별로 없어 온도나 습도 변화에 민감하고, 병균에 취약하며, 태어난 뒤에도 절대적 양육자의 보호 없이는 열흘도 살아남을 수 없는 약한 포유류인 인간이 커다란 도시와 국가를 건설하고 문명을 이룰 수 있었던 원동력 중 하나가 바로 향상욕이다.

천 년 전의 침팬지와 현재의 침팬지 사이에는 본질적인 차이가 없다. 그러나 인간은 백 년, 아니 불과 십 년 사이에도 놀랍도록 발전하고 성장한다. 식량 부족에 맞서 농업을 발전시키고, 기억력의 한계를 극복하기 위해 문자와 종이를 발명하고, 추위와 맹수의 위협을 막기 위해 의복과 무기를 발명했듯, 인간은 늘 현재 상황을 개선하려는 본성을 갖고 있다. 그것이 인간이라는 종의 경쟁력이다.

단지 역사적 맥락뿐 아니라, 개인의 인생에도 이 통찰은 적용된다. 인간은 길어야 백 년 남짓의 짧은 시간을 살면서도 매 순간 성장하고, 남보다 더 우월한 존재가 되기를 원한다. 때론 그 욕망이 목숨까지 위협할지라도 말이다.

1822년 그리스 독립 전쟁이 한창일 때, 키오스섬에서 수만 명의 그리스인이 학살당했다는 소식이 온 유럽에 퍼졌다. 그러자 프랑스 낭만주의 화가 외젠 들라크루아는 목숨을 걸고 그리스를 찾아 〈키오스 섬의 학살The Massacre at Chios〉이란 작품을 그렸고, 영국 시인 조지 고든 바이런은 직접 병사를 이끌고 참전했다가 36세의 젊은 나이에 생을 마감했다. 그들은 이미 명예와 재산을 모두 갖추고 있었다. 하지만 자기 삶에 만족하지 않고 목숨을 걸고 '숭고한 가치'를 향해 한 걸음 더 나아가려 한 것이다.

이런 훌륭한 사례와는 정반대의 일들도 같은 이유에서 일어나곤 한다. 대부분의 전쟁은 현재의 영토나 영향력에 만족하지 못하고 더 강한 국가가 되려는 야심에 의해 발발하며, 끔찍한 대학살 또한 열등함을 제거하고 더욱 우월해지려는 욕망에서 일어났다. 대체 이 모든 일들은 왜 일어나는가?

인생은 어차피 모두에게, 영원히 불만족스럽기 때문이다. 생물학적으로도 그렇다. 1958년 스위스왕립과학원의 아르비드 칼손은 이를 과학적으로 증명해냈다. 호르몬 '도파민'을 발견한 것이다. 실험용 쥐에게 도파민을 투여하면 활동량이 늘어나고, 낯선 환경에서도 덜 움츠러드는 경향을 보인다. 이렇듯 도파민은 개체 안에 잠재되어 있던 불만족을 일깨워 끊임없이 새로운 만족을 쫓게 만드는 방식으로 작용한다. 여기서 쾌락과 고통의 술래잡기가 시작된다. 즐거운 자극에 노출될수록, 우리의 쾌락 기준점은 점점 높아지고, 높아진 기준점을 충족하기 위해 더 새롭고 더 자극적이고 더 위험한 목표에 매달리게 되는 것이다.[2]

원시 인류가 위험을 무릅쓰고 탄생지인 아프리카를 벗어나 베링 해협을 거쳐 북미 지역까지 머나먼 행군을 거듭할 수 있었던 이유 역시 이런 도파민의 특성 있다. 어마무시한 자연재해를 정복해서 다양한 문화와 국가와 문명을 만들었고, 자기 손에 쥔 도구를 석기에서 철기로 그리고 스마트폰으로 바꾸는 데 성공했다.

그런데 도파민은 인간에게만 분비되는 호르몬이 아니라 모든 포유류에게 분비된다. 그렇기에 더 나은 것을 바라고 더 우월한 존재가 되기를 바라는 욕망이 인간 고유의 경쟁력이라는 가설이 성립하기 위해서는 보충 설명이 필요하다.

2017년 켄트주립대학교 인류학과 메리 앤 라간티 교수는 인간 선조에게서 다른 동물보다 극적으로 높은 도파민이 분

비되는 한편, 상대적으로 아세틸콜린은 낮은 농도로 분비된다는 걸 발견했다.[3]

아세틸콜린은 텃세를 부리거나 지배적 행동을 하는 것과 연관된 호르몬이다. 즉, 인간은 다른 포유류에 비해 높은 도파민 활성도로 발전을 추구하고, 낮은 아세틸콜린을 통해 다른 이들과 연대할 수 있었던 것이다. 2018년 예일대학교 의과대학 신경학과 네나드 세스탄 교수 또한 인간과 다른 유인원들의 뇌 조직 샘플을 분석한 결과, 도파민 합성에 관여하는 티로신 하이드록시아제와 도파 탈카르복실화 효소의 작용이 인간의 뇌에서 월등히 활발하다는 것을 발견했다.[4]

인간이 지닌 가장 특별한 무기는 훌륭한 두뇌다. 그리고 그 두뇌를 끊임없이 작동시키며 더 나은 만족을 좇게 하는 것이 도파민이다. 강력한 도파민의 영향력 아래, 인간은 늘 현재는 뭔가 부족하다고 느끼며 더 나은 것을 좇는다. 이것이 우리를 지배하는 공식이자 자의식의 작동 원리다.

인간이 사회적 동물이라고 일컫는 이유도 마찬가지다. 한 개체로서의 신체 조건은 자연의 다른 경쟁자들에 비해 형편없지만, 낮은 아세틸콜린은 인간을 협동적으로 만들었다. 그래서 우리는 끊임없이 타인의 이해를 바라고, 자신에 대해

해명하고 포장한다. 타인의 인정과 칭찬이 있어야 자신의 가치가 지켜졌다고 느끼고, 나아가 자신의 가치가 상승됐다고 느낀다.

한편, 세계적인 동물학자 데즈먼드 모리스는 다른 영장류와 인류를 구별하는 핵심 특징으로 '수다'를 들었다.[5] 정말이지 우리는 끊임없이 떠들며 협업한다. 대화는 주로 사람들이 만나 자기 이야기를 꺼내며 이루어지는데, 실제로 인간은 자기 이야기를 할 때 맛있는 음식을 먹을 때 반응하는 보상중추인 측좌핵이 격렬하게 반응한다. 자기 이야기를 하는 것이 맛있는 음식을 먹는 것만큼 즐거운 것이다! 자기 이야기가 그토록 즐겁기에, 인류는 편지와 전화로도 모자라 SNS까지 발명하는 등 수다쟁이의 본성을 왕성하게 이어왔다.

그렇다면 이 과정에서 강자로 군림한 이들은 어떤 존재일까? 더 많은 정보를 가지고 있어서, 더 많이 자기 이야기를 하는 존재일까? 역설적으로 다른 사람의 이야기를 더 잘 경청하는 존재가 강자가 된다. 아무리 뛰어난 지능과 신체 능력을 가졌다 할지라도, 겨우 한 개체가 경험할 수 있는 신체적, 지적 정보의 양과 발현할 수 있는 능력은 지극히 한정적이다. 따라서 수다쟁이의 본성을 누르고, 다른 이가 생각하고 경험한 정보를 더 많이 수집한 이가 자연스레 더 지혜롭고 강해질 수 있는 것이다.

게다가 사람은 누구나 자기 할 말만 떠드는 사람보다 다른 이의 말을 잘 들어주는 사람에게 훨씬 호감을 느낀다. 다시 말해, 강자가 되고 싶다면 계속해서 자기 이야기를 떠들면서 타인의 인정을 바라는 인정투쟁을 할 게 아니라, 먼저 타인을 인정하는 '인정제공자'가 되어야 한다.

모두가 자신을 높이고 포장하는 말을 할 때, 강자는 입이 아닌 귀를 먼저 연다. "인간에겐 입이 하나, 귀가 두 개 있다. 말하는 것보다 듣는 것을 두 배로 하라는 뜻이다"라는 『탈무드』의 격언을 되새기는 것이다. 본능 깊은 곳에 자리한 도파민 자극을 거부하고, 거꾸로 타인에게 인정과 칭찬을 베푼다. 그렇게 강자는 타인들로부터 더 많은 정보를 얻는 것은 물론, 인간적 호감이라는 선물까지 챙긴다.

겸손한 혀

그릇을 키우는 강력한 방법

✤

인간관계에서 강자가 되고 싶은가? 그렇다면 당신의 혀를 달변가가 되는 것이 아닌, 인정제공자가 되는 데 써라. 실제로 역사 속에서 달변가로 불리던 이들 가운데에는 오히려 비참한 최후를 맞은 경우가 꽤 많았다. 그들의 유능한 혀가 결국 다른 사람들을 초라하게 만들었기 때문이다.

강자는 말하지 못해 안달이 난 사람이 아니라, 자신의 갈증을 덜어내는 법을 아는 사람이다. 짧은 말로 묵직하게 메시지를 전하고, 오히려 타인을 인정하고 칭찬하는 데 자기 혀를 더 많이 사용한다. 달변의 기술은 어디까지나 부차적인 것이며, 남용해서도 안 된다. 이런 진리를 터득해 인생에 녹여낼 수 있는 사람만이 강자가 될 수 있다.

인간의 자의식은 항상 자기 가치를 끌어올리기 위해 작동한다. 그래서 본능적으로 가치가 높다고 판단되는 것들을 가깝게 끌어당기려 한다. 예를 들어, 명품을 몸에 걸치고 예술품을 사서 집에 걸어두는 행위나, 고전을 탐독하며 명언을 수집하고 숭고한 진리를 좇는 행위가 그러하다. 아무리 뛰어나고 강하다 해도, 광활한 사막에 홀로 존재하기를 원하는 인간은 없다. 오히려 수많은 사람과 사물과 사상에 연결되어 있기를, 특히 높은 가치가 있다고 여겨지는 것들과 가까워지기를 바란다.

우리는 어떤 이들과 가깝게 지내려 하는가. 바로 내 가치를 높이는 데 도움이 되는 사람들이다. 그래서 우리는 우월한 사람과 가까워지려 한다. 물론 여기서 말하는 우월함이란 단순히 재력이나 권력, 재능만을 의미하지 않는다. 성실함, 공손함, 겸손함 같은 우수한 내적 자질을 모두 포함한다. 자신에게 질문해보라. 나는 나태하고 불손하고 거만한 사람과 친해지고 싶은가? 아니면 성실하고 공손하고 겸손한 사람과 어울리고 싶은가?

또한 우리는 자신의 가치를 인정해주는 사람과 가까워지려 한다. 가치란 상대적이다. 그것은 결국 세상과 자신의 관계 속에서 평가된다. 다시 말해, 정찰 가격표가 있는 게 아니라 더 훌륭한 사람, 더 많은 사람이 나를 높게 평가해줄 때 내 가치가 높아지는 것이다. 그래서 우리는 내 가치를 높게 평가해주는 사람을 좋아하고 가까워지려고 한다. 그런 이들을 곁에 두어야 자존감도 올라가고, 실제 내 가치와 평판도 높아지기 때문이다.

경제학적으로 가치는 희소성에 의해 결정된다. 이는 다이아몬드나 황금처럼 압도적으로 우월해서, 다른 것과 차별될 때 생성된다. 사람의 가치도 마찬가지다. 내가 누군가를 인정해서 그를 우월한 사람으로 만들면, 그의 가치도 오르겠지만 동시에 내 가치도 오르게 된다. 다른 사람들 역시 나를 통해 자기 가치를 높이려 하기 때문이다. 따라서 인정제공자에게 많은 사람이 따르는 것은 너무도 당연하다.

이것이 바로 노자가 말한 "도는 비우면 저절로 채워지는 것"의 경지다. 남을 먼저 인정하는 태도가 습관이 되면, 항상 욕은 무리해서 좇지 않아도 저절로 충족된다. 비우면 저절로 채워지고, 낮추면 저절로 높아지고, 나를 주장하지 않으면 저절로 나를 이루게 되는 것이다.

향상욕을 채우기 위해 자기 능력을 불필요하게 자랑하는 모습은 역설적으로 자신을 약자로 만든다. 나를 자랑해 남의 초라함이 부각될수록, 상대는 나와 거리감을 느끼게 된다. 그 과정에서 불필요한 시기와 질투를 살 수도 있다. 단순히 쓸모없는 행위를 넘어 해로운 행위다. 늘 자신을 겸손하게 낮추고, 오히려 타인의 뽐내려는 마음을 받아주어라. 그런 자세가 궁극적으로 당신의 가치를 높여줄 것이다.

옛날, 중국 한나라를 세운 유방의 신하 중에 한신이라는 장군이 있었다. 뛰어난 용병술로 유방의 라이벌이었던 초나라 항우를 물리치는 데 가장 큰 공을 세웠지만, 성격이 지나치게 오만했다. 어느 날 큰 연회가 열렸는데, 임금인 유방이 신하인 한신에게 이렇게 물었다. "그대가 생각하기에, 나는 얼마만큼의 군대를 지휘할 수 있겠는가?" 한신이 답했다. "십만의 군대를 능히 지휘하실 수 있습니다." 그러자 유방이 다시 물었다. "그렇다면 그대는 어떤가?" 한신이 다시 답했다. "저야 당연히 그보다 많으면 많을수록 좋지요."

'다다익선'이라는 고사성어가 여기서 유래했다. 유능했지만 오만한 혀를 지닌 한신은 결국 '토사구팽'의 처지가 되어 비참하게 목숨을 잃었지만, 신하의 오만한 말도 관대하게 받아들였던 유방은 마침내 천하를 손에 넣을 수 있었다.

큰 꿈을 이루고 싶은가? 혼자 힘으로 이룰 수 있는 것은 한계가 있다. 더욱 탁월해지고 싶다면 나와 다른 능력을 갖춘 타인을 있는 그대로 인정하고, 그들을 내 그릇 안에 담아낼 수 있어야 한다. 작은 조직부터 큰 회사, 국가 등 모두 마찬가지다. 여러 사람의 힘을 하나로 뭉칠 때, 인간은 훨씬 빠르게 훌륭한 성과를 낼 수 있다. 그러기 위해선 먼저 주변에 있는 타인의 존재를 진심으로 인정하고 그의 가치를 높여줄 수 있어야 한다. 그들의 능력만 이용하겠다는 시커먼 속내는 언젠가 드러나기 마련이다. 오직 진심으로 그들의 장점을 발견할 때만, 그들의 마음을 사로잡아 내 편으로 만들 수 있다. 바로 '청정위 천하정淸靜爲天下正', 즉 맑고 고요함으로 천하를 바르게 할 수 있다는 노자의 가르침에 담긴 참뜻이다. 맑고 고요한 마음으로 타인을 바라볼 수 있다면, 당신의 그릇은 그 어떤 꿈도 기꺼이 이뤄낼 만큼 커질 수 있을 것이다.

온화한 눈

세상을 어떻게 바라볼 것인가

✢

우리는 오감을 통해 세상의 데이터를 얻고 뇌를 통해 그 정보들을 해석한다. 사람마다 조금씩 차이는 있지만, 그중에서도 가장 예민한 것이 시각 정보다. 그래서 우리는 잠을 자는 시간을 제외한 나머지 모든 시간 동안, 눈을 부릅뜨고 시각 정보들을 모으는 데 열중한다. 데이터가 많을수록 판단은 정확해진다고 믿기 때문이다.

누군가 믿을 만한 사람인지 아닌지, 강자인지 약자인지 판단할 때도 시각 정보를 활용한다. 관상은 비과학적이지만, 일부 일리 있는 면도 있다. 우리는 시각 정보를 통해 타인이 어떤 사람인지, 그리고 우리를 어떤 마음으로 대하는지도 생각보다 정확하게 알 수 있다. 바로 그의 표정과 태도를 통해서 말이다. 말과 행동의 괴리, 내면의 불안, 과시욕 등 모든 감정과 생각은 거의 표정에 드러난다.

특히 약자는 자기감정을 너무 투명하게 잘 드러낸다. 그들은 쉽게 경계하고, 또 쉽게 경계를 푼다. 여기저기 호감과 인정을 갈구하며 굶주린 채로 살아간다. 그래서 계속해서 타인에게 휘둘리다가, 결국에는 자신이 가진 매력도 관계의 주도권도 모두 잃는다.

우리는 누군가의 말이 어눌하거나 행색이 초라해 보이면, 은근히 무시하면서 그의 능력을 한정 짓는다. 하지만 정말 중요한 것은 표면에 드러난 모습이 아니다. 누군가 어떤 사람인지 진정으로 보여주는 것은 바로 전체 모습이기 때문이다. 화려한 겉모습이나 유려한 말만 좇는 사람은, 정작 중요할 때 상대에게 속거나 배신을 당하는 등 예상치 못한 화를 입기 쉽다. 그래서 강자의 시선은 상대가 어떤 사람인지 차분하면서도 정확하게 꿰뚫어본다.

지위가 없음을 걱정하지 말고 그 자리에 설 수 있는 능력을 갖추기

를 걱정해야 하며, 자기를 알아주지 않는 것을 걱정하지 말고 남이
알아줄 만하게 되도록 노력해야 한다.

−『논어』,「이인」

공자의 말을 조금 더 자세히 풀이하면 이렇다. 우리의 가
치 평가 시스템은 점점 더 정교해지고 풍부해지고 있다. 따
라서 자기 그릇을 충분히 키우면, 언젠가 그 가치를 제대로
평가받을 기회가 온다. 그러므로 남들이 쉽게 떠드는 말을
걱정하지 말고, 그들의 평가에 휘둘리지 마라. 남을 신경쓰는
대신, 자기 목표를 향해 묵묵히 정진하라. 만약 당신이 꿈에
도달한다면, 남의 평가는 구태여 신경쓰지 않아도 저절로 수
정될 것이다.

정말 중요한 건 그 과정에서 타인과 자신을 속이지 않는
것이다. 결국 그런 방법은 통하지 않기 때문이다. 진심이 가
장 중요하다. 마음은 표정과 행동으로 자연스레 드러나게 되
어 있고, 결국에는 모두가 진실을 알아차리게 된다.

철학자 에픽테토스는 인생이 한 편의 연극과 같고, 우리
는 그 무대에 선 배우와 같다고 했다. 그렇다면 우리는 어떤
연기를 하며 살아야 하는가? 최고의 배우이자 연출가였던

콘스탄틴 스타니슬랍스키는 최고의 연기는 재현하는 게 아니라 체험하는 것이라고 말했다. 즉, 배우로서 연기하는 게 아니라, 그냥 등장인물 자체로 존재하라는 것이다. 1950년 개봉된 영화 〈맨The Man〉의 주연배우 말론 브란도가 촬영하지 않을 때도 휠체어를 타고 다니며 배역과 자신을 동일시한 것처럼 말이다. 스타니슬랍스키의 연기지도론은 미국 브로드웨이와 할리우드에도 큰 영향을 끼쳤고, 현재 우리가 말하는 '메소드 연기'로 자리를 잡았다.

자연스러움을 이길 것은 세상에 없다. 따라서 누군가의 호감을 얻고 싶다면, 가장 먼저 할 일은 **실제로 그를 좋게 생각하는 것**이다. 누군가를 좋게 생각하는지 아닌지는 결국 나의 어투와 표정, 행동에 드러나게 되어 있다. 목적이 고스란히 엿보이는 빤한 칭찬으론 사람의 마음을 움직일 수 없다. 상대의 장점을 정말로 긍정적으로 인식할 때, 그 인정과 칭찬은 힘을 얻게 된다.

우리의 생각이 우리의 인생을 지배한다. 진실로 자신의 삶을 만들어가는 사람은 결국 세상을 보는 시선이 긍정적인 사람이다. 그들은 타인의 단점이 아니라, 장점을 보려고 노력한다. 그러면서 자신의 단점을 고치려 노력한다. 공자는 "임금을 섬길 때 번거롭게 자주 간언하면 곧 치욕을 당하게 되고, 친구에게 번거롭게 자주 충고하면 곧 소원해지게 된다"라고 말했다. 우리가 흔히 하는 착각 중 하나가 충고나 조언을 통해 누군가를 쉽게 바꿀 수 있다고 믿는 것이다. 그러나 인간에게는 누구나 자의식을 지키려는 본능이 있다. 따라서 아무리 정확하고 좋은 충고도 그것을 편하게 받아들이기보다는, 해명하거나 또 다른 비난으로 충고를 무마시키려 한다.

그렇기에 되도록 타인을 있는 힘껏 긍정적으로 보고 그의 좋은 면을 확장하는 방향으로 교정을 유도하되, 만약 그것이 여의치 않으면 그냥 입을 닫거나 교제를 피하라. 누군가를 부정적으로 바라보며 충고나 조언을 하면 좋은 관계로 발전하기는커녕, 그 부정적 감정에 사로잡히고 지배당할 뿐이다. 우리는 공격과 보복의 연쇄에서 빠져나와야 한다. 세상을 진실로 아름답게 보아야만 한다. 그런 시선을 가질 때만이 실제로 내 삶과 세상을 바꿀 수 있다.

상상의 놀이터를 제공하라

인간의 뇌는 끊임없이 무언가 쌓는 일에 최적화되어 있고, 반대로 비우는 행위에는 익숙하지 않다. 왜 그런가? 인간의 뇌는 삶의 불확실성에 대처하는 걸 가장 우선순위에 두고 있기 때문이다.

신체적으로 나약한 인간에게 불확실성은 곧 위험, 죽음과 가까워진다는 것을 뜻했다. 언제 불어 닥칠지 모르는 거대한 태풍, 가뭄, 질병, 그리고 부족 간의 전쟁…. 나약한 인간은 생존을 위해 모든 정보를 모으려 애썼고, 이를 통해 불확실성에 대비하려 했다. 그래서 댐을 쌓고 농업을 발전시켜 먹을 식량을 확보하고, 의학을 발전시키고, 동료를 만들며, 문자와 문화를 통해 지식을 쌓고 전수해왔다.

1979년 행동경제학자 다니엘 카너먼은 가치함수를 통해 그 사실을 증명했다. 가치함수에 따르면, 같은 값이면 인간은 이익보다 손실을 더 크게 인식한다. 예컨대, 만 원을 잃었을 때의 상실감과 비슷한 정도의 기쁨을 얻으려면 2만 5천원 정도는 새로 생겨야 한다. 자신의 것이 자기 손을 떠나는 손실을 극도로 꺼리는 본능 덕분에, 인간은 쓸모없는 정보든 쓸모 있는 정보든 정말 많은 것을 쌓으며 지금의 문명을 이뤄냈다.

이는 생각과 감정의 문제에도 동일하게 적용된다. 우리에게 편견이나 편향적 사고가 생기는 이유는 우리 뇌가 정보든 감정이든 생각이든 버리지 않고 쌓아놓기 때문이다. 문제는 새로 들어온 정보와 과거에 쌓아둔 정보가 충돌할 때다. 그럴 때 우리 뇌는 과거의 정보를 버리고 새로운 정보를 수용하기보다는, 차라리 과거에 쌓아둔 정보를 택하기 쉽다. 바로 인지부조화를 일으키는 것이다.

1957년 인지부조화 이론을 발표한 심리학자 레온 페스팅거는 종말론 신도들을 사례로 들었다.[6] 특정 시기에 세상

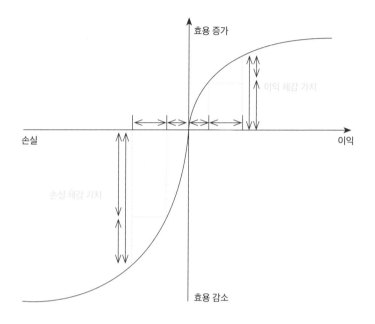

카너먼·트버스키 가치함수 The Kahneman and Tversky value function

효용 증가

이익 체감 가치

손실

이익

손실 체감 가치

효용 감소

이 멸망한다고 믿던 그들은 예정된 종말의 시기가 지나도 아무 일이 없자, 종말론이 잘못된 것이 아니라 오히려 자신들의 굳은 믿음 덕분에 예정된 대재앙이 미뤄졌다고 생각했다. 이처럼 사람들은 자신의 믿음이 틀렸다고 판명될 때, 잘못된 믿음을 의심하고 버리는 대신, 현실을 자신에게 유리하게 왜

곡해 인식하기 쉽다.

사람들은 특유의 조급함으로 미리 판단을 내리고, 이내 그 판단의 열렬한 수호자가 된다. 그것을 뒤집는 것은 기존까지의 자기 통찰이 틀렸다는 뜻이기에, 사람들은 자신이 지니고 있던 정보의 가치를 지키고자 '사소한' 오류들은 기꺼이 묵인한다.

그래서 강자는 첫인상을 중요하게 생각한다. 훌륭한 첫인상을 상대에게 심어준다면, 그 인상은 웬만해서는 바뀌지 않기 때문이다. 여기서 말하는 훌륭한 첫인상은 시각적인 것만이 아니다. 상대에게 최대한 많은 정보, 인상적인 정보를 제공하라는 말도 아니다.

강자는 오히려 정보를 최대한 많이 주는 것이 아니라, 정보를 일부만 흘린다. 예를 들면, 사람들의 코를 섬세하게 자극하는 데 능숙하다고 할까? 후각은 여백이 많은 정보다. 그래서 사람들로 하여금 상상하게 만드는 감각이고, 상대가 나에 대해 좀 더 적극적이고 능동적으로 사고하게끔 돕는다. 매사에 조급한 약자는 타인과의 관계에서도 최대한 빨리 자신이 가진 모든 패를 보여주려 애쓴다. 하지만, 강자는 오히려 여백을 활용해 상상의 놀이터를 제공한다. 상대가 자연스럽게 내 공간으로 놀러오고 싶게끔 만들어서, 나에 대한 정보 또한 상대가 직접 능동적이고 지속적으로 쌓아가게끔 유도한다.

여백의 공간에 초대된 타인들은 거기서 강자에 대해 이리저리 생각할 것이다. 이 사람은 대체 어떤 사람일까? 나를 어떻게 생각할까? 믿을 만한 사람일까? 그렇게 수많은 생각을 하고 상상의 나래를 펼수록 호감도는 자연스레 올라간다. 생각할수록 그 생각을 버리지 못하는 인간은 이제 강자를 더 가까이 알고자 한다. 그렇게 호기심은 호감이 되고, 한번 쌓이기 시작한 호감은 웬만해서는 무너지지 않는다. 여백 없이 빽빽하게 정보를 제공하는 것보다, 오히려 여백을 남겨 생각할 시간을 넉넉하게 주는 게 호감을 사는 비결이다. 실제로 우리는 우리에게 지나치게 신경을 써주는 사람보다, 오히려 자꾸 신경 쓰이게 만드는 사람에게 더 잘 보이고 싶은 마음이 든다. 자녀가 부모를 신경 쓰는 마음보다는 부모가 자녀를 신경 쓰는 마음이 훨씬 큰 것처럼 말이다.

강자는 상대가 자신을 계속 신경 쓰며 잘 보이고 싶은 마음을 쌓아가도록 여유를 둔다. 그 시간을 방해하지 않으며, 오히려 상대가 나에게 잘 보이고 싶은 마음이 홍수처럼 불어

나기를 기다린다. 다시 말해, 강자는 상상을 지렛대로 활용할
줄 안다. 그들은 상상이 곧 에너지라는 사실을 잘 알기에, 어
떠한 상황 속에서도 희망적인 미래를 상상하며 그 희망의 대
변인이 된다. 자기 입장이 전복되는 것을 막기 위해 바삐 움
직이며, 어떻게든 그 희망이 옳다는 사실을 증명하려 한다.
그래서 마침내 그들의 상상은 현실이 된다. 과거에는 가뭄이
들면 왕이 기우제를 지냈다. 이때 기우제는 반드시 비를 불
렀다. 왜냐하면 기우제를 비가 내릴 때까지 지내기 때문이다.
상상이 현실이 될 때까지 계속 상상한다는 말의 뜻도 이와
비슷하다.

가장 극심한 공포도, 가장 강렬한 매력도 결국 이런 여
백에서 탄생한다. 인간이 귀신이나 유령을 두려워하는 이유
는 그 정체를 알 수 없기 때문이다. 이처럼 우리는 상대가 가
진 무기나 전략이 무엇인지 모를 때 가장 극심한 공포를 느
낀다. 또한 상대의 존재가 잡힐 듯 잡히지 않아 온종일 상상
하게 될 때 가장 강렬한 매력을 느낀다. 그래서 강자는 자신
의 장단점을 쉽게 드러내지 않으며, 여백과 잔상을 적절하게
활용할 줄 안다. 과도하게 떠벌리며 정보를 강제로 주입하는
대신 상대의 뇌와 마음을 자연스럽게 점유한다.

강자에게는 예측 가능성과 예측 불가능성이 조화롭게 공존한다.
사람은 상대가 자기 눈에 벗어났을 때도 자신이 가지고 있는
정보와 일관되게 행동할 거라 여길 때 상대를 신뢰한다. 그래
서 강자는 태도의 일관성을 유지하여 타인의 신뢰를 얻고, 그
신뢰를 필요한 순간에 활용할 줄 안다. 신뢰가 한번 쌓이면,
종종 강자가 파격적인 모습을 보여도 상대는 계속 강자를 신
뢰한다. 그렇기에 그들의 파격은 높은 확률로 성공할 수 있는
것이다.

**상대방에게 처음부터 모든 것을 내보이지 마라. 모든 일에 신비주
의를 살짝 섞는 것만으로 당신은 추앙받을 수 있다.**

철학자 발타자르 그라시안은 이렇게 조언했다. 또한, "완
성되지 않은 작품을 섣불리 공개하지 말라"라고도 말했다.
미완성 작품을 본 사람의 뇌리에는 그 첫인상이 강렬하게 남
아서, 설령 작품이 완성된 이후에도 계속 감상을 방해하기
때문이다.
　이처럼 강자는 사람들의 호기심만 자극한 뒤, 침묵의 장
막 뒤에서 만반의 준비를 마치고 화려하게 등장한다. 그들은

평소에는 고요함을 유지하지만, 중요한 순간에는 상대가 내 뜻을 자연스레 따르게끔 만든다. 강자는 침묵의 힘을 알고 상상을 무기로 삼을 줄 아는 자다.

받으려고 하지 말고 주려고 애써라

❖

지금까지 우리는 강자가 지닌 여러 면모를 살펴봤다.

1. 열린 귀로 상대의 이야기를 더 많이 듣는다.

2. 겸손한 혀로 상대의 마음을 사서 내 그릇을 키운다.

3. 온화한 눈으로 타인과 세상을 바라본다.

4. 섬세한 코를 자극해 타인에게 상상의 놀이터를 제공한다.

여기에 한 가지 면모를 더 덧붙이면 다음과 같다.

5. 인정받는 데 손을 쓰지 말고, 인정을 제공하는 데 써라.

예술가 레오나르도 다빈치는 〈모나리자〉, 〈최후의 만찬〉 등 인류 역사에 길이 남는 필생의 역작을 수없이 남겼으며, 원근법을 비약적으로 발전시키기도 했다. 또한 오늘날 비행기와 낙하산의 원형을 디자인했고, 썩는 냄새를 참아가며 남자와 여자의 시체 30구 이상을 해부해 스케치로 기록해 의학의 발전에도 기여했다. 그런데 최고의 인생을 살았을 것 같던 그는 죽기 전 이런 유언을 남겼다. "나는 내게 주어진 시간을 허비했다."

1948년 인도 캘커타 빈민가에서 '사랑의 선교 수녀회'를 만들어 평생 약자를 돌봤던 테레사 수녀는 1979년 12월 노르웨이 오슬로에서 열린 노벨평화상 시상식장에서 이렇게 말했다. "예수는 우리 안에 있고, 우리가 만나는 빈자들 안에도 있고, 우리가 주고받는 미소 안에도 있습니다."

그러나 그로부터 불과 3개월 전, 그녀는 정신적 동지인 마이클 반 데어 피트 신부에게 이런 편지를 썼다. "저에게는 침묵과 공허함이 너무 커서 보려 해도 보이지 않고, 들으려 해도 들리지 않고, 입을 움직여도 말이 나오지 않습니다. 당신이 저를 위해 기도해주길 바랍니다."

다빈치에 필적하는 예술가 미켈란젤로는 율리우스 2세 동상 작업에 몰두할 때, 옷도 갈아입지 않고 땀에 젖은 장화도 그대로 신은 채로 잠에 빠져들곤 했다. 매일 다리가 부어 장화를 벗으려면 칼로 찢어야 했고, 그마저도 신발에 살점이 붙어서 나올 정도였다. 그럼에도 그는 자신이 이룬 것보다 더 많은 것을 이룰 수 있게 해달라고 신께 빌었다. 또한, 인생의 말년에는 이런 시를 남겼다. "예술을 우상으로 섬기고 나의 왕으로 모신, 저 모호하고 거대하며, 열렬했던 환상은 착각에 지나지 않았네. 어떤 그림이나 조각도 나를 만족시키지 못한다네."

이처럼 뛰어난 선지자와 예술가조차 자신의 인생에 결코 만족하지 않았다. 불만족은 삶이라는 문학의 영원한 주제다. 상어는 공기주머니인 부레가 없어서 헤엄을 멈추면 바다 밑바닥으로 가라앉는다고 한다. 그래서 그들은 생이 다할 때까지, 심지어 잠을 잘 때도 지느러미를 흔들어야 한다. 인간의 삶도 비슷하다. 활화산처럼 솟구치는 도파민으로 인해 완벽한 만족에는 결코 이를 수 없고, 매일 불만족하며 살아가는 존재다. 행복은 왜 우리 인생의 영원한 주제인가? 왜 성인과 훌륭한 책들이 행복의 길을 알려줬는데도, 우리는 여전히 거기에 도달하지 못했는가? 역설적이게도, 불만족과 만족은 동전의 양면처럼 한 몸이기 때문이다. 모든 것이 만족스럽다면, 자연스럽게 기대하는 바도 없어지고 기쁨도 없어진다. 그러나 다행인지 불행인지 인생은 늘 험난하여 우리가 쉽게 만족할 수 없는 곳이다. 그렇기에 우리는 불만족을 거름 삼아 밝은 미래를 상상하며 상상을 현실로 만들기 위해 열심히 살아간다. 결국 우리를 계속해서 꿈꾸고 움직이게 만드는 것은 아직 채워지지 않은 것들에 대한 기대다.

인간은 영원히 채워지지 않는 갈증을 달고 산다. 돈을 가지면 명예를 원하고, 돈과 명예 모두를 손에 넣으면 이번에는 엉뚱하게도 낭만을 원한다. 인간의 자의식은 마치 구멍이 난 컵과 같다. 컵에 담긴 물이 줄어드는 상실감을 잊기 위해 계속해서 물을 들이붓는 여정이 곧 인생인 것이다.

또한 인간은 그 과정에서 발생하는 허무함과 상실감을 말로, 이야기로 풀어내는 것을 좋아한다. 이야기를 통해 자신을 특별하게 포장하기도 하고, 자신을 초라하게 만드는 것을 공격하기도 하면서, 궁극적으로 자신의 존재를 타인이 이해해주길 바란다.

인간이 본성이 그러하기에, 상실감과 허무함을 달래주는 말에 격렬히 반응하게 된다. 그래서 강자는 그런 말을 습관화함으로써 언어의 힘을 손에 넣는다. 상대에게 있는 그대로의 모습이 괜찮다고 인정해주고, 진심이 담긴 칭찬을 통해 상대의 가치를 높여준다. 구멍 난 컵의 예를 다시 활용하면, 컵에 반창고를 붙여 물이 새는 것을 막아주는 것이 인정이고 물을 더 붓는 것이 칭찬이다. 물을 부어 가치를 높이기 위해서는 먼저 물이 새는 것을 막아야 한다. 따라서 **인정은 칭찬의 선행 조건이요, 모든 귀한 말의 시작이다.** 그러나 많은 사람은 상대의 상실감을 보지 못하고, 오직 자신의 상실감에만 몰두한다. 그렇게 자기 가치만 지나치게 내세우느라, 말의 힘을 잃고 약자가 된다.

뒤에서 다시 자세히 다루겠지만, 손무는 『손자병법』에서 지형의 중요성을 강조했다. 적을 만나면 무조건 공격하고 돌진할 것이 아니라, 고지대를 선점하고 차분히 적을 기다리라는 것이다. 좋은 지형을 미리 차지하는 명장처럼, 우리는 인정제공자의 역할을 선점해야 한다. 즉, 상대가 원하는 인정을 주는 사람이 되어야 한다. 그래야 인간관계에서 유리한 입장에 설 수 있다. 만약 내가 상대가 원하는 것을 주는 능력을 갖춘다면, 관계의 무게 추는 자연히 내 쪽으로 기울게 되어 있다. 또한 그것이 잠깐의 권모술수나 빈말이 아니라 진정성 있는 태도에서 우러난다면, 우리는 상대의 순수한 눈빛을 볼 수 있고, 좋은 평판을 들을 수 있고, 받은 만큼 주고자 하는 사람들의 진심을 얻을 수 있다. 필요한 순간에 이들의 지지와 도움을 받을 수 있다면, 우리가 진정으로 원하는 것을 쟁취하는 데 정말 큰 힘이 된다.

인정을 줄 때 명심할 조건들이 있다.

1. 속이지 말라

사람의 눈은 예민하기에 진실하지 않은 것은 수명이 짧다. 타인에게 인정을 제공하는 것이 결과적으로 우리에게 유리할지라도, 결과만을 생각해 인정을 수단이나 도구처럼 제공하면 안 된다. 상대는 그게 진심이 아니라는 것을 언제가 눈치채고 말 테니까. 그래서 강자는 진심으로 타인의 장점을 증폭시켜 인식할 수 있는 바르고 깨끗한 마음을 기른다. 지겹고 너저분한 것들 틈에서도 곳곳에서 피어나는 아름다움을 돋보기로 확대하듯 관조하며 음미할 줄 안다.

알량한 말재주로 진심을 꾸며내는 것이 아니라, 진심이

말에 우러나오게 하자. 철학자 데이비드 흄은 아름다움이 대상에 깃든 것이 아니라, 그것을 응시하는 사람의 마음속에 존재한다고 말했다. 우리말 속담에도 "돼지 눈에는 돼지만 보이고 부처 눈에는 부처만 보인다"라는 말이 있다. 세상을 아름답게 바라보는 낙관주의는 결국 우리 자신에게도 유익하다. 수천, 수만 년의 역사 속에서 낙관주의는 결국에는 비관주의를 이겨왔다. 낙관주의가 없었다면 인간은 질병, 전쟁, 혼란 등의 인간을 위협하는 거대한 문제들을 해결해나가지 못했을 것이다. 강자가 되고 싶은 이들은 낙관주의를 토대로 문제 해결 능력을 길러야 한다. 강자는 눈앞에 어떤 어려운 문제가 닥치거나 비관적인 상황에 놓여도 세상이 끝났다고 낙담하지 않고 해결책을 찾는다. 어떤 경우에도 희망적인 미래를 향해 나아간다.

2. 남용하지 말라

남들에게 지나치게 칭찬을 남발하는 이들이 있다. 타인과 관계를 안정적으로 풀어나갈 자신감이 부족해 스스로 불안하고 위축돼 미리 저자세를 취하는 것이다. 그러나 인간의 눈은 예민해서 자신감 부족하고 마음의 동요가 잦은 약자의 실체를 쉽게 알아차린다. 그리고 그들을 깔보거나 신뢰하지 않으며 마음을 주지 않는다. 때때로 그들이 뱉는 칭찬만 취하고 기분 좋게 떠나버린다.

철학자 발타자르 그라시안은 "좋은 말은 빨리 끝낸 말"이라고 말했다. 중요한 것은 마음에 있는 말을 과장하지 않고 간결하게 표현하는 것이다. 이를 통해 상대가 상상할 수 있는 여백을 제공해야 한다. 그렇게 할 때 호의는 숙성되어 짙어지며 진심으로 받아들여지게 된다. 우리의 모든 비위를 맞추는 사람보다, 오히려 우리가 일정 부분 맞춰야 하는 상대가 더 신경 쓰이고 끌리는 이유는 바로 이런 여백과 상상의 힘 때문이다. 물론 그런 여백도 호감이 있을 때 유용한 이야기지만, 중요한 것은 표현의 군더더기를 제거해 상대가 뛰어놀 수 있는 공간을 두어야 한다는 점이다.

3. 상대의 감정을 살펴라

강자는 자신의 감정과 시간을 귀하게 여기는 만큼 타인의 감정과 시간도 귀하게 여긴다. 따라서 감정과 시간을 허투루 쓰지 않으며, 상대의 감정을 잘 살펴서 적절한 인정을 준다. 뒤에서 자세히 살펴보겠지만, 인정을 주는 방법에는 여러 가지가 있다. 격려를 할 수도 있고, 때로는 날카로운 충고나 조언의 형태가 될 수도 있다. 중요한 것은 상대의 감정에 따라 적절한 인정을 주는 것이다. 적절하게 건네진 인정만이 자연스럽게 상대에게 받아들여진다.

아무때나 달콤한 말을 하거나, 반대로 다른 사람을 함부로 비난하지 말자. 자기 가치가 깎이는 것을 두려워하는 인간의 머릿속에는 기본적으로 '나는 옳다'라는 생각이 탑재되어 있다. 그래서 비난을 받으면 그것을 수용하기보다는, 자신의 부정적인 에너지를 키우기가 더 쉽다. 일찍이 공자는 게으름을 피우는 한 제자를 따끔하게 혼내다, 제자의 행동이 변하지 않자 "썩은 나무로는 조각할 수 없고, 거름흙으로 쌓은 담장은 손질할 수 없다"라는 매서운 말을 마지막으로 다시 질책하지 않았다. 불필요한 훈계로 자신의 감정과 시간이 소진되는 것을 막으려 했던 것이다.

타인에게 조언하거나 충고할 때는 상대가 충분한 회복탄력성을 가지고 있는지 살펴라. 즉, 조언을 받아들일 자세가 되어 있는지, 잘못을 고치고 낙관적인 미래를 만들 준비가 되어 있는지 살피는 것이 좋다. 회복탄력성을 갖춘 이와 그러지 못한 이를 구분하는 안목을 길러서, 자신의 능력과 에너지가 무의미하게 낭비되는 것을 막자.

인정은 왜 중요한가? 때론 짧고 단순한 한마디가 듣는 이의 인생을 바꿀 만한 파괴력을 발휘하기 때문이다. 헤어 디자이너이자 글로벌 미용 기업을 이끌고 있는 기업가 차홍은 가난한 집안의 다섯째 딸로 태어났다. 시골에서 자라면서 공부도 능숙하지 않고, 친구도 별로 없던 그녀는 평소 '나는 지구상에서 가장 쓸모 없는 사람'이라고 생각하며 살았다. 하지만 그런 그녀도 뭔가를 만들고 꾸미는 것은 좋아했는데, 어느 날 미용실을 운영하던 고모의 이 한마디가 인생을 바꿔 놓게 되었다. "너는 미용에 재능이 있구나!"

소심한 시골 소녀는 그 한마디를 듣고 미용에 모든 것을 걸기로 결심한다. 처음 시작할 때는 잘하지 못했지만, 그저 자신이 할 수 있는 일이 있다는 것에 기뻤다. 그녀는 말한다. "이게 아니면, 이 세상에서 내가 할 수 있는 게 없을 것 같았어요." 그녀는 어린 시절 고모가 건넨 칭찬 한마디를 믿고 우직하게 자신만의 길을 걸었고, 마침내 자신의 분야에서 최고의 자리에 올랐다.[7]

자신의 가치를 계속해서 보존하고 향상시키려는 인간의

마음은 결국 그걸 진심으로 존중해주는 이에게 기울게 되어 있다. 그런 말은 화려한 수사가 아니라, 진심이 담긴 짧은 한마디인 경우가 많다. 인간의 마음이 갈망하는 먹이인 칭찬과 인정, 위로와 이해를 습관화할 수 있다면, 다시 말해 진심으로 타인의 장점을 바라볼 줄 알고 인정하고 위로를 건넬 줄 아는 사람이 된다면, 우리는 굳이 많은 말을 하지 않고도 막강한 영향력을 얻게 될 것이다.

강자로 살고 싶다면, 강자를 흉내 내는 것이 아니라 정말로 강자가 되어야 한다. 그러기 위해 필요한 것이 끝없이 가치 증명을 바라는 욕망을 덜어내고 진정으로 자신이 원하는 것을 마주하며, 그것을 기꺼이 타인에게 내줄 수 있는 자세다. 다음부터는 이를 위해 무엇을 비워내야 하고, 또 무엇을 담아내야 할지 살펴보겠다.

Chapter 2

약자의 아비투스

가치를 높이는 데는 시간이 걸린다

❖

나무와 돌의 성질은 안정된 데 두면 고요하지만, 가파른 데 두면 움직인다. 모나면 정지하고 둥글면 굴러간다. 전쟁을 잘하는 자가 이용하는 기세는 둥근 돌을 천길 높이의 산에서 굴리는 것과 같다. 이것을 추세라 한다.

ㅡ『손자병법』, 「병세」

모난 것은 더 많은 마찰을 일으키고 그로 인해 멀리 나아가지 못한다. 이때 모난 면을 다듬어 둥글어지고 인정제공자로서 고지대를 점하면, 비록 목표가 먼 곳에 있을지라도 능히 갈 수 있다. 그래서 강자는 먼저 자신의 모난 면을 다듬는 데 힘쓴다. 순간순간의 자극만 탐하고 매사 불필요하게 충돌하는 사람은 결국 자신이 원하는 바를 얻지 못한다. 그들의 뜻은 빈번히 꺾이며, 그들의 행동은 혼란스러워 고요하지 못해 결국 약자로 남는다.

우리의 언어 습관은 대부분 유년 시절 형성되고, 성인이 되면 그것이 고착된다. 이를 개선하려면 부단한 노력과 성찰이 필요하다. 태아가 양수 속 암흑 세상에서 벗어나 처음 마주하는 타인은 어머니다. 그래서 말을 떼기 전 아이의 세계관에선 양육자인 어머니의 존재가 절대적 존재로 자리잡고 있다. 본능적으로 갓난아기는 그 압도적인 존재에게 관심과 사랑을 받는 것이 자신의 가치를 올릴 수 있는 유일한 방법이라고 느낀다. 그래서 자신의 양육자에게 무한한 애정과 관심을 갈구한다.

아이가 그 목적을 달성하는 방법에는 세 가지 방법이 있다. 첫 번째 방법은 양육자를 믿는 것이다. 양육자가 자신의 할 일을 하다가도 예측 가능한 범위에서 지속적으로 또 일정한 패턴으로 사랑과 관심을 베푼다면 아이는 양육자를 믿게 된다. 그때 아이는 양육자에게 온전히 의지하며 비교적 차분하게 그 달콤한 사랑과 관심을 기다린다. 그리고 원하는 관심이 주어졌을 때 이를 온전히 즐길 줄 안다. 이러한 행동 양식을 보이는 아이를 발달심리학에서는 '안정형 애착 성향'을 갖고 있다고 말한다.

그러나 양육자에 대한 신뢰가 부족하면 아이는 고약한 방법을 사용한다. 그것이 두 번째 방법인 떼를 쓰는 것이다. 자신을 봐달라며 시시때때로 울고, 그 울음은 양육자가 문을 닫고 나가는 순간 더욱 거세진다. 양육자가 곧 돌아오리라 믿지 못하기 때문이다.

마지막 세 번째 방법은 걱정시키는 것이다. 양육자가 아이를 안고 얼굴을 비벼도 아이는 고개를 돌리고 싫은 척 의뭉스럽게 행동한다. 자신의 불신감을 그대로 노출하며 양육자의 걱정을 유발하고, 그것을 자신에 대한 관심으로 인식한다. 이런 방법들이 성과를 거두지 못할 경우, 아이는 아예 양육자에 대한 기대를 접어버리고 자신만의 세계로 침잠한다. 이러한 행동 양식을 보이는 아이를 '불안정 애착 성향'을 갖고 있다고 말한다.

첫 번째 방법과 다른 두 방법의 본질적인 차이는 믿음의 유무다. 첫 번째 방법에 익숙한 성인은 자신과 타인을 믿는

데 익숙하다. 그들은 자신의 가치에 대한 저항선이 견고하다. 그렇기에 자신의 가치를 증명하기 위해 과장된 행위를 하지 않으며, 자신의 가치를 높이기 위해 타인을 깎아내리지 않는다. 다시 말해, 가치 확인 본능이 약한 것이다. 내면의 중심이 굳건히 선 이들은 외부 상황에 둔감하며 자신을 개선하는 데 집중한다.

반면 두 번째와 세 번째 방법에 익숙한 아이는 성인이 된 뒤에도 계속해서 자신의 가치를 타인을 통해 증명하려 한다. 동의를 갈구하고 필요 이상으로 과시한다. 실은 자기 가치를 근본적으로 불신하기에, 눈앞의 상황만을 토대로 자기 위치를 파악하고 그것을 당장 상승시켜야 비로소 안심이 된다. 그들은 세상을 수직적으로 바라보고 상대를 제압하는 것에 쾌감을 느낀다. 상대와 자신을 수직적인 틀에 가둘 때 비로소 심리적 안정감을 느끼지만, 이러한 시도는 상대의 반발심을 불러 화를 입기 쉽다.

종종 그들은 자신의 시간과 감정을 내던지면서까지 시혜자의 칭호를 얻으려 하고, 때로는 필요 이상의 책임을 떠맡기도 한다. 타인에 대한 진정한 배려가 아니라, 자기 존재를 부풀리기 위해 무리하는 것이다. 우리가 정치인의 웃음에서 가식을 금방 발견하는 것처럼, 그러한 속내는 쉽게 들킨다. 사람들은 그런 이들에게 진심 어린 감사나 존경하는 마음을 갖지 않는다. 결국 그들에게 남는 것은 잠깐의 만족, 그리고 커다란 불안과 허무함뿐이다.

자기중심이 빈약한 이들은 타인이 자신을 티끌만큼이라도 오해하게 두지 않는다. 자기 능력과 자랑스러운 행동을 끊임없이 생색낸다. 이런 행동의 목적은 자기 가치를 높이기 위함이지만, 사람들은 오히려 이들의 부족한 사회성을 부담스러워하며 거리를 둔다. 이렇게 밀쳐진 이들은 더더욱 먼 곳에서 자신의 목소리를 전하기 위해 핏대를 세우고 몸을 흔들고, 또 그럴수록 말의 힘을 잃어가는 악순환에 빠진다. 그들은 그렇게 광대의 모습으로 이리저리 떠돌다가, 결국 지쳐서 자기 인생과 세상에 대한 기대를 접어버린다.

조급함은 인생의 적이다. 세상은 원래 우리가 원하는 것을 쉽게 내주지 않는다. 또 애초에 간편히 얻을 수 있는 것이었으면 우리가 원하지도 않았다. 손에 잡히지 않기에 그것을 상상하며 갈망하고 얻으려 노력하는 것이다. 그 능력을 기르게끔 돕는 것이 근거 있는 낙관주의와 자신을 통제하는 좋은 습관이다. 엄마를 차분히 기다리는 아이처럼 희망적인 미래를 상상하며 하루하루 활기차게 살면서, 내면의 규율에 따라 동요하지 않고 묵묵히 할 일을 함으로써 우리는 강자의 아비투스를 기를 수 있다.

우리가 실패하는 가장 큰 원인 중 하나는 만용이다. 적절한 때를 기다리지 못하고, 빠르게 목적지에 도달하려고 서두른 결과, 처참한 실패를 겪고 자신의 자원과 자신감 모두를 잃는 것이다. '영웅은 퇴로가 없다'라고 마음을 다잡지만, 자격을 갖추지 못한 이의 헛된 영웅 심리는 그들을 재기 불능으로 만들 뿐이다. 이처럼 약자는 현실 감각의 결여와 자의식 과잉으로 인해 순리를 거부하고 무엇이든 빨리 많이 얻으려 한다. 그래서 타인과 부딪치고 세상에 밀쳐지다, 끝내는 마모되어 상처 입고 자신감도 잃는다.

강자는 약자와 달리 매사에 조급해하지 않는다. 매번 자신을 증명하려 들지도 않는다. 타인이 칭찬받을 때마다 자기가치가 줄어든다고 생각하지 않기에 타인을 쉽게 인정한다. 그들은 누군가가 과대평가 받고 있다는 생각에 휩싸여 타인의 허물을 찾느라 귀한 시간과 감정을 허비하지 않는다.

그러나 약자는 자신감이 없고 불안하기에, 역설적으로 자신이 모든 순간 주인공이 되어야 한다고 생각한다. 아주 작은 순간도 남이 주목받는 걸 아쉬워하며, 자신의 몫을 빼앗은 누군가의 단점을 드러내고, 음해하고, 비방한다.

불안정 애착을 지닌 아이들의 가장 큰 특징은 탐색 의지가 부족하다는 것이다. 그들은 자신의 가치가 타인에게 존중받을 수 없다고 느끼기에, 다른 것을 용기 있게 탐구할 여력이 없다. 늘 불안이 마음에 가득 차 있어서, 매사에 주변만 머무를 뿐이다. 그들은 채워지지 않는 인정에 대한 갈증으로 이미 지쳐 있다.

그러나 거듭해서 말하지만, 좋은 관계를 지탱하는 동력은 호기심이다. 자기 이야기를 하기 좋아하고, 본능적으로 타인에게 이해받기를 원하는 인간은 자신의 견해나 기호 등에 관한 질문을 받을 때 은밀한 기쁨을 느낀다. 강자는 본인도 의식하지 못한 채 그런 기쁨을 자연스럽게 타인에게 선물한다. 진심으로 사람에 대한 호기심과 애정에 기반한 질문을 하기 때문이다.

안정형 애착 성향을 가진 이들은 성장하면서 마주하는 인간관계에 수월하게 대응하고, 이를 통해 확보한 유대감과 신뢰를 바탕으로 제안의 승률을 높인다. 사람들에게 쉽게 받아들여지고, 이는 다시 자기 자신에 대한 믿음을 강화하는 선순환 구조를 만든다.

하지만 그들에게도 단점은 있다. 그들은 불안정 애착 성향을 가진 이들의 아픔을 온전히 이해하지 못한다. 불안정 애착 성향을 가진 이들은 바로 이 점을 기뻐해야 한다! 쉽지는 않겠지만, 만약 불안정 애착 성향을 가진 이들이 의식적인 훈련과 자아 성찰을 통해 안정 애착 성향이 지닌 관계의 기술을 터득하게 된다면 어떻게 될까? 세상의 빛과 그림자를 모두 이해하는, 진정한 통찰력을 지닌 성숙한 사람으로 거듭나게 될 것이다.

과거는 이미 지나갔고, 우리의 손에는 현재와 미래만이 남아 있다. 우리는 그것들을 활용해 우리 삶을 개선할 수 있다. 부단한 성찰과 노력으로 우리는 자신 안에 잠재되어 있는 강자의 본성을 계발하자.

설득력 있는 말은 간결하다

✧

우리는 살면서 많은 것을 원하고, 그것을 가지기 위해 노력한다. 하지만 자원은 한정적이기에, 그 과정에서 벌어지는 대립과 갈등은 피할 수 없다. 현대인은 언어, 그러니까 대화와 설득을 통해 그 과정을 되도록 부드럽게 만들지만, 끝내 설득이 안 되거나 이견을 좁힐 수 없다면 어떻게 하는 것이 좋을까?

강자는 설득의 임계점에 도달하면, 일단 자신의 말을 멈추고 상대의 말을 듣는다. 사사건건 다투는 것보다, 때로는 물러나고 내주는 것이 더 크게 얻는 길이라는 걸 알기 때문이다. 이것이 강자가 쓸 수 있는 다음 패가 된다.

만약 원하는 바를 이뤘다면, 괜히 불필요한 말을 더하지 않는다. 킹스 칼리지 런던의 고전학부 교수 에디스 홀은 아리스토텔레스의 수사학을 연구하다, 말은 간결할수록 오히려 더 큰 설득력을 발휘한다는 사실을 발견했다.[8]

또한 강자는 눈이 밝기에 자신이 원하는 것과 상대가 원하는 것을 동시에 볼 수 있고, 그 사이의 교집합을 찾아내는 데 능숙하다. 그래서 자신이 목적한 바를 어느 정도 이룰 수 있으면, 구태여 자신을 과시하거나 구차한 설명을 덧붙이지 않는다. 내면의 결핍을 티내지도 않고, 상대가 그것을 채워주기를 기대하지도 않기에, 그들이 하는 말은 언제나 간결하다. 반면 약자는 작은 성과에도 지나치게 의미를 부여해 이를 자랑하고 떠벌리기를 좋아한다.

불필요한 말만 그칠 줄 알아도 관계는 더욱 좋아진다. 또한 관계에서 자기 이득을 챙기는 행위는 자연스러운 것이지만, 다소 이기적으로 여겨질 수 있다. 그래서 강자는 자신의 이익만큼이나 타인의 이익을 존중한다. 장기적 관점에서 상황을 바라보고 사람을 대하기에, 작은 이익을 탐하거나 상대를 착취하지 않는다. 자신의 빨랫감만을 귀하게 여겨 시냇가에서 세제를 풀어 빨래를 한다면 어떻게 되겠는가? 평판이 나빠질 뿐더러, 결국 모두가 이를 따라해 온 시냇물이 오염되고 말 것이다. 강자는 그런 이기적이고 근시안적인 행동을 하지 않는다. 그 대신 손빨래하는 이웃에게 빨래 방망이를 건네거나, 자기 빨래가 먼저 끝날 경우 이웃의 빨랫감을 가져가 돕는다. 앞으로도 계속 함께 빨래를 해야 하기에, 순간의 이익을 탐하는 대신 이웃과 함께하며 유대감을 쌓는다. 그런 선택은 정말 필요한 순간에 강자에게 큰 힘이 되어준다. 이것이 강자가 추구하는 진정한 의미의 효율이다.

타인은 나의 가치를 증명해줄 도구가 아니다. 채권자라도 된 양, 그들에게 인정을 내놓으라고 강요하지 말라. 약자는 의문형으로 말하기를 좋아하기에, 그들의 말끝은 대체로 올라가 있다. 특유의 조급함과 불안감으로 매번 말의 효과를 확인하고, 동의를 갈구하는 마음을 그대로 표출한다. 사람들은 이런 약자의 열등한 면모를 꺼린다. 자기 말의 힘이 어느 정도인지는 스스로 파악할 수 있어야 한다. 인정받고 싶다면 명확한 자기 내면의 기준에 따르는 것이 좋고, 그것도 충분한 시간과 여유를 두고 받아야 한다. 조급하고 간절한 마음을 들켜서는, 오히려 제대로 인정받지 못한다.

우리는 말의 힘을 회복해야 한다. 자신이 가진 말의 힘이 약하다면 그 이유를 냉철하게 들여다봐야 한다. 상대에게 조급한 마음을 들키진 않았는지, 말과 행동이 달라 신뢰를 잃진 않았는지, 자신도 모르게 타인을 깎아내려 기분을 해치진 않았는지를 점검해야 한다. 그리고 지속적으로 오류들을 수정해야 한다. 세상이 주는 피드백은 언제나 정직하다. 힘을 회복하면 말은 절로 간결해진다.

> **살아남는 것은 가장 강한 종이나 가장 똑똑한 종이 아니라, 변화에 가장 잘 적응한 종이다.**
>
> — 찰스 다윈

> **나는 생각한다, 그러므로 나는 존재한다.**
>
> — 르네 데카르트

> **열등감은 질병이 아니라, 도전과 발전에 필요한 자극제다.**
>
> — 알프레드 아들러

> **늘 갈망하고, 우직하게 나아가라.** Stay hungry, Stay foolish.
>
> — 스티브 잡스

이처럼 역사에 길이 남는 명문장들은 대개 간결하다. 그러면서도 말하고자 하는 바가 문장 안에 온전히 농축되어 있다. 자신이 무슨 말을 하고 싶은지, 또 그것을 어떻게 전달할지 명확하게 인지하고 있기에 간결할 수 있다. 말이 간결할수록 정확하게 전달되고 멀리 퍼진다. 장황하고 화려한 말은 얼핏 그럴듯하게 보여도, 결국 무거워 멀리 전달되지 않는다. 자신의 말이 전파되는 범위를 더 넓은 세상으로 확장하고 싶은가? 뚜렷하고 명확하고 간결하게 말하라. 세상은 그런 말들이 지배해왔다.

말하려는 바가 명확한 사람은 두괄식으로 말한다. 그는 자신이 하고자 하는 말을 한 문장으로 축약할 수 있다. 인간의 집중력에는 한계가 있다. 따라서 메시지가 간단명료할수록 상대의 뇌에 잘 각인되고, 상대에게 심적 여유 공간도 허락해서 인지적 편안함과 상상력을 제공한다. 스토리텔링으로 말의 풍미를 더하거나, 뭔가 의도를 숨기기 위한 게 아니라면, 메시지를 명확하게 앞으로 끌어올려라. 그것만 해도 말의 힘은 증폭된다.

자신이 하는 말의 궤도와 힘을 알고 있는 자의 언어는 장황하지 않다. 상대가 설득되고 있는지 확신하지 못해 이어지는 부연 설명도 짧다. 이미 오랜 경험과 노력으로 설득의 임계점을 꽤나 정확히 파악하고 있기 때문이다. 또한 불필요한 과시와 압박은 생략한다. 자신이 가진 말의 힘을 명확히 파악하고 있어서 가능한 일이다. 자신이 무슨 말을 하고 있는지 모를 때, 또한 내면의 결핍을 채우기 위해 말할 때, 말은 장황해진다. 노자는 이렇게 말한다. "스스로 공을 자랑하면 공이 없어지고 스스로 뽐내는 자는 오래가지 못한다."

강자는 싸우기 전에 이긴다

인간의 감정은 상상의 여지가 있을 때 더 깊어진다는 것을 확인했다. 인간은 버리는 것을 어려워하고 쌓는 일에 익숙하기에, 첫인상에 가능한 최선의 모습을 보이고 남의 시기나 미움을 얻지 않도록 유의해야 한다.

『군주론』이라는 문제적 저서로 유명한 정치철학자 니콜로 마키아벨리는 군주에게 민중의 미움을 사지 말 것을 거듭 강조한다. 사람은 일단 미움을 가지면, 그 마음이 옳다는 걸 증명하기 위해 남의 허물을 낱낱이 들추는 경향이 있다. 누구나 자신의 가치를 낮추는 이를 미워한다. 자신을 비난하고 깎아 내리거나, 또는 지나친 자기 자랑으로 자신을 초라하게 만드는 사람을 미워한다. 자신의 가치가 훼손되는 느낌은 인간의 근원적 욕망과 상충되기에, 상처 입은 이들은 어떤 수를 쓰더라도 그런 기분을 만드는 이를 파괴하려 든다. 평판에 흠집을 내고, 비슷한 기분을 느낀 다른 이들과 함께 없는 말도 지어낸다.

이러한 복수의 고리 속에서 가해자와 피해자는 실시간으로 뒤바뀐다. 이른바, 다음번에 '나락'에 갈 사람이 누군지 찾아다니는 상황은 우리 모두에게 이득이 되지 않는다. 우리의 시간과 감정은 소중하며, 한정된 자신의 에너지를 부정적인 일에 쏟는 건 불행한 일이다. 그렇기에 우리는 상대를 꺾고 모욕을 주면서 맛보는 쾌감을 경계해야 한다. 그 행위가 불러올 화를 두려워해야 한다.

반대로 자신이 누군가를 미워하게 될 경우, 그 마음을 없애기 위해 노력하라. 왜 그러한 감정을 갖게 됐는지 살펴본 다음, 그 원인을 제거하고 그런 상황을 피하는 것에 주력해야 한다. 미움의 감정은 가까이 할수록 들불처럼 걷잡을 수 없이 커지게 된다.

백 번 싸워서 백 번 이기는 것이 최상이 아니라, 싸우지 않고 적을 굴복시키는 것이 최상이다.

－『손자병법』, 「모공」

손무는 위와 같이 말하면서, 최상책은 적이 싸우려는 의도 자체를 깨는 것이고, 다음은 적을 외교로 물리치는 것이며, 그 다음은 적의 병사를 깨는 것이고, 성을 공격하는 것은 최악이라고 말했다. 우리의 목적은 원하는 바를 얻는 것이다. 전면전은 어쩔 수 없을 때 벌이는 것이며, 그마저도 미리 최선의 준비를 끝낸 다음 단숨에 끝내야 한다. 귀중한 내 시간과 감정과 에너지를 최대한 보존한 채, 원하는 바를 얻기 위해 노력해야 한다.

손무는 압도적인 위세로 적이 감히 싸우려는 엄두도 못 내게 하는 것을 최상책이라 말한다. 이는 관계의 지형에서 인정제공자로서의 강자의 지위를 공고히 하는 것과 같다. 사회적 동물인 인간은 집단 동조 본능이 강해서 아량이 넓고 좋은 평판을 지닌 상대를 적으로 돌리려 하지 않는다. 결국 인간이 쉽게 미워하고 적극적으로 공격하는 대상은 자신과 비슷하다고 여기는 존재다.

예로부터 현명한 리더는 자신이 모든 걸 해결하려 들지 않았다. 화두만 제시한 뒤 유능한 부하들에게 토론을 맡기고, 그 결과만을 놓고 결정했다. 먼저 목소리를 높일수록 자기 생각에만 갇혀 흥분하기 쉽다. 자연스레 감정 섞인 말도 오갈 것이고, 그 안에서 미움이 생성될 가능성이 높아진다. 현명한 이는 이 험난한 과정을 다른 이들에게 위임함으로써 자신의 평정심을 유지하고, 사회적 가치도 지켜낸다. 대신 리더는 모든 논쟁이 끝난 뒤에 나타나 최선의 결론만 말하며 단번에 대중을 휘어잡는다. 절제된 언어로 빠르게 뽐내고, 구체적인 일 처리는 다른 이들에게 위임하며, 자신은 더 높은 곳으로 올라간다.

심지어 마키아벨리는 미움받을 가능성이 있는 일들은 남에게 다 떠넘기라고까지 말한다. 자본주의 사회에서도 이해에 밝은 경영자는 외부를 설득할 뚜렷한 '비전'을 선포한 뒤, 노동자의 욕망과 투자자의 욕망을 최적으로 활용할 수 있는 '구조'를 설계한다. 그리고 구체적 실천은 다른 이들에게 맡긴다. **강자는 전장에서 분투하는 병사가 아니라, 그 전쟁의 승리를 기획해내는 리더임을 명심하라.**

상대 논리의 허구성을 증명해 그를 제압하는 행위는 사실 최선의 방법이 아니다. "똑똑하고 맞는 말만 하는데, 영 마음이 안 가"라는 평가를 받는 것만큼 위험한 일은 없다. 그렇기에 강자는 관계의 지형을 파악하는 안목과 말의 힘을 적절하게 다루는 능력, 입증이나 논증 능력이 아닌 발문發問 능력을 키운다. 토론에 들어가기 앞서 판단의 기준을 제시하고, 공감할 만한 문제 인식을 공유하고, 대안의 선택지를 나열한 뒤, 한 걸음 물러나 상황을 관망한다.

일단 주제만 정해지면, 뒤에 이어질 세부 사항은 결코 그걸 벗어날 수 없다. 따라서 굳이 마음을 쓰지 않아도 편안하다. 그렇게 그들은 적개심을 갖고 타인의 견해를 공격하지 않는다. 싸우지 않고 편하게 얻어낸다. 어차피 그들이 제시한 선택지에는 그들의 이익이 고스란히 녹아 있기 때문이다. 강자가 되고 싶다면 이런 능력을 연마해야 한다. 그것이 내가 원하는 것을 순조롭게 얻어내는 가장 효율적인 방법이기 때문이다.

불가피하게 적개심을 사게 되는 상황이 됐다면, 맞서 싸울 게 아니라 그 감정을 덜어낼 방법을 찾아라. 마찰 지점이 적은 상황을 만들어 평정심을 찾아야 한다. 결국 중요한 것은 단번에 많이 얻는 것이 아니라, 장기적이고 안정적으로 이익을 얻는 것이다.

『도덕경』은 물장즉노物壯則老, 즉 지나치게 성하면 빠르게 쇠퇴하기 마련이라고 했다. 강자는 속이 비어 있는 공처럼 사사로운 감정을 비우고, 성하고 쇠퇴하는 것을 관찰해 그 원리를 파악해 마찰을 줄임으로써 더욱 멀리 나아간다. 또한, 기자불립 과자불행企者不立跨者不行, 즉 까치발로 서려는 자는 제대로 서 있을 수 없고, 과한 보폭으로 내딛는 자는 제대로 갈 수 없다고 했다. 힘이 과하게 들어가면 오래가지 못한다. 더 많은 것을 얻고자 한다면, 세상이나 사람과 싸우지 말고 더 많은 것을 얻을 수 있는 위치에서 편안하게 기다릴 줄 알아야 한다.

과시욕

위선의 가치

❖

사람들은 자신의 가치를 높이기 위해 타인과 구분 짓고 특별해지고자 한다. 나와 다른 이들을 울타리 안에 묶고, 자신은 그 울타리 밖에서 평가하기를 즐긴다. 하지만 시간이 지나면, 어느새 고립되어 있는 자신을 발견하게 될 것이다.

집단은 한번 배척되기 시작한 누군가에게 무자비한 경향이 있다. 개인이 아무리 탁월한 능력이 있어도 집단을 이기기 어렵기에, 사람들은 손쉬운 사냥감이 된 이들을 아무렇지도 않게 손가락질하고 자신이 가진 온갖 부정적 감정을 쏟아낸다. 집단의 일부로서 타인을 공격하면 책임감이 분산되기에 죄책감도 줄어든다. 더욱이 사냥감이 된 당사자가 뭔가 그릇된 행실로 명분을 제공했다면, 그 공격성은 더욱 과감해진다.

사람의 마음은 자신의 가치를 더 이상 상승시킬 수 없다고 생각할 때 뒤틀린다. 그럴 때 인간은 선한 본성을 잃고 타인의 불행을 반긴다. 자기 삶의 고달픔을 누군가의 불행을 통해 달래고, 종종 그 불행에 땔감도 보태며 즐기는 것이다. 지난 수년간 우리 사회 곳곳에서 벌어진 모습이다.

그러나 타인의 불행을 탓하거나 즐길수록 고립되는 것은 오히려 나 자신이다. 나 또한 언제든 타인과 같은 처지에 놓일 수 있다. 우리는 불행에 처하거나 잘못을 저지른 타인에 대해 좀 더 포용심을 가져야 한다. 누군가를 미워하고 비웃고 적개심을 가질수록, 그 깊은 어둠에 삼켜지고 불행해지는 것은 오히려 나 자신이다.

오늘날 사람들은 예의범절이나 위선에 대해 부정적으로 생각한다. 평범한 삶도 지루하다고 비웃는다. 하지만 우리는 그런 것에 오히려 더 익숙해질 필요가 있다. 내가 지닌 모습이 주사위라고 한다면, 적어도 다섯 면은 평범하고 예의바른 모습이어야 한다. 공자 또한 주변 사람을 아끼고 사랑하는 마음이 곧 '인仁'의 출발점이며, 인의 마음에서 의로움과 예의, 질서가 생긴다고 말했다.

또한 우리는 겸손함을 갖추고 자신의 특별함을 함부로 자랑하는 것을 경계해야 한다. 적개심과 열등감을 분출할 곳을 찾아다니는 이들은 자기 행위의 정당성을 입증하기 위해 끝끝내 다른 이의 결점을 찾아내고야 만다. 과시를 즐기는 이는 그런 이들의 좋은 먹잇감이 된다. 우리의 특별함은 말과 행동에서 우러나와야 하지, 목에 핏대를 세워가며 주장한다고 나오는 게 아니다.

우리가 지닌 재능을 정교하게 잘 단련한다면, 애써 강조하지 않아도 누군가 반드시 그 특별함을 알아본다. 주머니 속에 들어 있는 송곳은 언젠가 반드시 튀어나오는 것처럼 말이다. 당장의 처지가 마음에 들지 않더라도, 스스로 과시하고 무리하거나 타인에게 적개심을 표출하는 대신, 때를 차분히 기다리면서 차분히 정진할 필요가 있다.

노자는 말한다. "무거운 것은 가벼운 것의 뿌리가 되고, 고요함은 조급함의 주인이 된다.", "가벼우면 근본을 잃게 되고, 조급하면 주인의 자리를 잃게 된다." 고난의 행군 뒤에 전우애가 깊어지는 까닭은 병사들이 비슷한 처지에서 같은 상황과 감정을 공유했다고 느끼기 때문이다. 그때 병사들은 동료 병사들과 우애를 느끼지, 지휘관과 그 감정을 공유하진 않는다. 이런 유대감은 어려운 상황에서 나를 지켜줄 갑옷이자, 원하는 바를 이루게 해줄 창이다. 아무리 특별한 재능을 가진 사람도 타인과의 이런 유대감은 반드시 필요하다. 그런 유대감을 원한다면, 타인에게 자신의 특별함을 뽐내지 말고 오히려 그들과 자신이 평범한 동류라고 어필하라. 그렇게 동료와 유대감과 호감을 쌓는다면, 그들은 이내 나의 특별함을 온건한 눈으로 바라봐주고 전시 상황에서 든든한 전우가 되어줄 것이다.

사람들이 평범한 이가 영웅이 되는 이야기에 열광하는 까닭은 공감할 수 있기 때문이다. 학연, 지연, 혈연 같은 것들이 영원히 사라질 수 없는 이유 역시 공감대 때문이다. 모든 공감의 기본은 교집합을 찾는 것이다. 나는 너와 다르지 않다. 이 생각을 늘 염두에 두면서, 그것이 말과 표정으로 우러나오게 해야 한다.

예로부터 탁월한 업적을 이뤄낸 이들은 자신을 지나치게 과시하지 않았다. 침묵 속에서 모든 준비를 마치고, 유순하게 자기 목적을 달성했다. 반대로 패배자들은 언제나 자신을 적에게 지나치게 빨리, 많이 드러내곤 했다.

카이사르는 세계라는 무대에서 스스로 배우이자 연출자가 되었다. 그는 대본을 읽듯이 말했으며 몸짓과 행동을 할 때는 자신의 모습이 청중에게 어떻게 비칠지 늘 의식했다.[9]

역사 속 권력자들의 특성을 연구한 작가 로버트 그린은 그들이 배우나 연출자처럼 행동한다는 것을 깨달았다. 늘 청중을 의식하면서, 그들에게 무해하고 선한 존재로, 때로는 그들이 원하는 모습으로 연기할 줄 안다는 것이다.

이것이 바로 강자가 원하는 것을 얻는 비결이다. 명예, 재산, 권력, 지위 같은 것들은 사실 우리뿐 아니라 모두가 원하는 것이다. 그런 까닭에 필연적으로 경쟁이 발생하고, 인생이란 전장 곳곳에서는 공격과 방어가 꼬리를 물고 이어진다. 그럴 때 함부로 무기를 드러내면, 다른 이의 공격에 쉽게 노출될 수 있다.

집단의 힘은 개인보다 강하다는 걸 늘 명심하라. 함부로 특별함을 뽐내거나 섣불리 자신의 무기를 드러내서 불필요하게 적을 만드는 대신, 선함과 평범함을 연기하면서 확실한 승리의 때를 기다릴 줄 알아야 한다.

지나치게 강성한 것은 쇠퇴하기 마련이다. 특별함을 과시하느라 힘을 소진한 이는 정작 자기 때를 놓치기 쉽다. 반면 평소에 힘을 아껴 자신을 보호하는 이는 때가 왔을 때 그 기세를 최대한 활용할 수 있다.

나를 평가할 권리

영웅의 이야기에는 공통점이 있다. 순수한 마음과 출중한 재능을 갖고 태어나, 악인의 음모로 큰 좌절을 겪는다. 그리고 그 좌절을 계기로 각성해 자신의 삶과 타인의 삶을 구원해낸다. 하지만 이런 짧은 이야기는 평범한 우리의 단조로운 일상이나 삶의 너저분함을 온전히 담아내지 못한다. 인생은 극적 반전이 등장하는 짤막한 신화가 아니고, 그보다 훨씬 밋밋하고 지난한 장편소설이다. 한두 개의 굵직한 성취만으로 성공의 여부가 결정되지는 않는다.

본인의 강함만을 지나치게 앞세우다가는 뜻하지 않은 좌

절을 극복하지 못하고 자멸하기 쉽다. 아무리 뛰어난 사람도 자기 앞의 모든 걸 통제할 순 없으며, 인생의 많은 부분은 예측할 수도 없다. 그래서 필요한 것이 극단에 치우치지 않는 중용의 자세다. 앞서 언급한 것처럼, 강자는 전장에서 잘 싸우는 용맹한 병사가 아니라, 그 병사들을 현명하게 지휘하는 전략가다. 그는 직접 싸우지 않지만, 판을 읽고 전체 흐름을 유연하게 기획한다.

　매번 자기 힘을 증명하겠다는 어린아이와 같은 태도는 언젠가 더 강력한 힘에 의해 굴욕을 당하기 십상이다. 그것이 또 다른 강자이든, 아니면 운명이든, 그런 실패는 자존심 센 인간도 비굴하게 만들고, 비굴함은 자신을 좀먹는다. 거센 파도 앞에서 육체의 강인함을 자랑하는 태도는 얼마나 어리석은가. 싸울수록 싸움은 끝나지 않고 계속 이어진다. 무리를 이끄는 일인자 사자의 최후는 어떠한가? 결국 더 젊은 일인자에게 자기 자리를 내주고 비참하게 죽어갈 뿐이다. 그렇기에 지혜로운 자는 함부로 자기 능력을 뽐내지 않고, 묵묵히 파도의 방향을 읽고 그 힘을 이용할 방법을 찾는다.

　이제 막 증기기관이 발명됐을 때, 계속 이전처럼 마차를 고집한 장인들은 결국 시대의 흐름에 삼켜지고 말았다. 하지만 같은 시기 마구 용품을 생산하던 에르메스 가문의 후손 에밀 모리스 에르메스는 자신이 지닌 가죽 기술을 활용해 가방을 제작하기 시작했다. 결국, 그 가문의 이름은 한 세기 만에 세계적인 명품 브랜드가 되었다. 그는 파도에 맞서 자신의 강함을 뽐내려는 어리석음을 내려놓고, 대신 그 파도를 현명하게 이용했다.

설령 시대라는 거대한 파도에 맞서 자기 능력을 증명하는 성과를 거두었다고 치자. 개인으로선 엄청난 도파민을 느낄 만한 자랑스러운 일이겠지만, 그것은 이내 잊히고 만다. 증명욕은 우리의 성장을 돕지만, 지나치면 자신을 해칠 뿐이다.

인생은 어차피 영원히 불만족스럽다. 어떤 빼어난 영웅도, 일세를 풍미한 스타도 결국에는 잊힌다. 영원히 모두에게 주목받고 찬사를 받기를 바라는 마음은 부질없다. 그런 타인의 인정과 찬사를 기반으로 하는 증명욕은 허황하다. 그런 것에만 매달리는 인간은 결국에는 자기중심을 잃고 만다. 세상은 개인이 원하는 만큼의 주목과 인정을 베풀지 않는다. 세상의 주인공은 언제나 세상이다.

그렇다면 우리는 어떻게 해야 할까? 강자는 타인에게서 증명을 바라지 않는다. 그저 자신을 믿고, 때를 기다리며, 자기 힘을 갈고닦는 과정을 즐길 뿐이다. 누군가 자신을 증명하고 앞서 나간다고 해도 조급함을 느끼지 않는다. 타인의 시선을 기준으로 자신을 증명하려 하지 않고, 오직 내면의 기준만을 따르기 때문이다. 타인과 비교하지 않고, 오직 과거의 자신과 비교한다. 그렇게 어떠한 상황에서도 본인의 기준에서 한 걸음씩 나아가는 것. 그것이 바로 인간이 갖출 수 있는 최선의 품격이다. 그 과정에서 영광이 전리품처럼 주어질 때도 있다.

그러나 강자는 잠깐의 영광에 집착하지 않는다. 그저 그것을 적절하게 즐기고, 다시 다른 이에게 보내줄 줄 안다. 그렇게 묵묵히 계속 나아가다 보면, 영광이 다시금 자신을 찾아올 것을 알기 때문이다. 우리는 이런 방식으로 세상에 순응하고, 자신만의 도에 입각해 한 걸음씩 앞으로 나아가야만 한다. 타인에게 적개심을 품거나 과시를 하거나 자신을 입증할 필요가 없다. **오직 계속 나아가고 성장하는 여정, 그 자체가 삶에 기쁨을 준다.** 타인의 인정이나 찬사는 그저 순간의 성과물일 뿐이다.

삶은 원래 고통스럽다. 저마다 아픔과 불행을 이고 살아가는 개인은 사실 타인의 행복이나 성취를 쉽게 인정하거나 칭찬하지 않는다. 오히려 그에 대해 위화감과 열등감을 더 잘 느끼고, 그들의 결점을 찾으려 애쓸 따름이다. 좋아하지 않는 이의 성취를 오롯이 인정할 만큼 인간의 그릇은 크지 않다. 평범한 이들이 모두 성인의 마음을 갖기를 바라는 건 허황한 기대다.

군자는 자신의 무능함을 걱정하지, 다른 사람이 자신을 알아주지 않는 것을 걱정하지 않는다.

— 『논어』, 「위령공」

공자 또한 자신의 가치를 스스로 평가하라고 말한다. 인정과 증명을 타인에게 바라면, 자신을 올바르게 평가할 권력을 양도하는 셈이다. 당연히 나의 사회적 가치는 낮아지기 십상이다. 인생이라는 과제는 개개인이 부여받은 것이다. 그 소중한 권리를 타인에게 맡겨서는 안 된다.

매 순간 자신의 뛰어난 면모를 세상에 증명하겠다는 마음으로 살아가는 자는 얼핏 용감해 보이지만, 실제로는 만용을 부리는 어리석은 자다. 그의 처지는 바람 앞의 촛불과 같다. 자신이 통제할 수 없는 파도의 정중앙에 자신을 밀어넣는 셈이다. 내가 오롯이 통제할 수 있는 것은 오직 나의 마음뿐이고, 내가 선택할 수 있는 것 또한 나의 태도뿐이다. 올바르게 나아갈 방향을 설정하고 현실에 적응하면서 계속 나아가는 법을 익혀야 한다. 그 과정을 통해서만이 우리는 최선의 만족을 선물 받을 수 있다. 노자는 이렇게 말한다.

천하는 신령한 기물이라 다스릴 수 없다. 억지로 하면 실패할 것이고, 잡으려 하면 놓칠 것이다. 그리하여 만물은 앞서 가기도 하고, 뒤따르기도 하며, 들여 마시는 것도 있고 내뿜기도 한다. 혹 강하기도 하고 약하기도 하며, 꺾기도 하고 무너뜨리기도 한다. 그러므로 성인은 심한 것, 사치한 것, 교만한 것을 버린다.

– 『도덕경』, 「신기」

비울수록 채워지는 것

우리가 잊지 말고 명심해야 할 사실이 있다. 언어는 자신의 가치를 증명하고 과시하는 수단이 결코 아니라는 것이다. 언어는 우리가 원하는 것을 얻어내는 도구일 뿐이다. 바라는 것을 얻기 위해 떼를 쓰는 아이처럼 굴지 말라. 언어에 모난 마음을 드러내거나 지나치게 욕심을 담으면 그 힘은 오히려 축소된다.

또한, 언어로 어느 정도 목적을 달성했다면 그 이상 떠드는 것을 멈춰라. 언어에 힘을 부여하는 것은 화려한 수사나 양이 아니라 밀도다. 우리는 번지르르한 말을 길게 떠드는 사람보다 품격 있고 요점만 말하는 사람을 훨씬 신뢰한다. 따라서 강자는 수사학 공부에 몰두하는 대신, 자신의 품격을 높이는 방법을 고민한다. 내면의 단단함을 차분하게 연마하면 품격은 자연스레 우러나오기 마련이다. 그런 이들은 애쓰지 않아도 사람들을 자석처럼 끌어당긴다.

말을 길게 늘이는 버릇이 있다면 당장 버려라. 자신감이 없고 남에게 인정받지 못한다고 생각하는 사람일수록 그런 버릇으로 자신을 과장되게 꾸미거나 말을 주도권을 한시도 놓치지 않으려 애쓴다. 전형적인 약자의 표식이다.

오히려 반대로 말과 말 사이에 여백을 더할수록, 남들을 포용할수록, 우리는 인정제공자로서의 지위를 공고히 할 수 있다. 당연히 원하는 바도 더욱 순조롭게 얻을 수 있다. 이것이 강자의 역설이다. 바라지 않을수록, 기꺼이 내줄수록 오히려 더 많이 얻을 수 있다. 본인의 가치를 증명하기 위해 구구절절한 이야기를 나열해봐야 타인은 결코 그 거대한 욕망을 온전히 채워주지 못한다.

자신의 텅 빈 마음을 달래고자 남에게 위로와 동정의 말을 바라지 마라. 각자 무거운 삶의 짐을 이고 가는 타인에게는 그럴 여유도 의무도 없다. 붓다의 유명한 격언처럼, 무소의 뿌리처럼 혼자서 나아갈 수 있어야 한다.

인생은 원래 힘겹고 굴곡진 과정의 연속이다. 힘들지 않은 척, 모든 것을 손쉽게 얻는 척 겉모습을 꾸미는 데 치중하는 사람들을 절대로 믿지 말라. 진정한 강자는 그 모든 과정을 있는 그대로 받아들이면서도, 좌절하지 않고 내면의 향상에 힘쓰는 사람이다.

내면이 단단해지면, 눈이 밝은 사람들은 자연스레 이를 알아차리게 된다. 나의 말을 비우고 그 빈 공간에 타인이 들어올 자리를 만드는 이들에게 사람들은 호감을 가진다. "군자는 자신에게서 구하고, 소인은 타인에게서 구한다"라는 공자의 말을 마음속에 되새기자. 결국 모든 향상과 인정은 타인 아니라 나에게서 비롯돼야 한다.

강자가 길게 말하지 않는 까닭은, 말의 힘은 완급 조절을 할 때 더 강해진다는 사실을 알기 때문이다. 물이 가득 찬 그릇을 떠올려보라. 만약 그 그릇에 담긴 물을 조금씩 나눠서 붓는다면, 그 힘이 강할 수가 있겠는가? 졸졸 흐르는 시냇물이 아닌, 한번에 쏟아붓는 거센 물길만이 무거운 돌을 움직일 수 있다.

그래서 강자는 말의 힘을 아끼면서 적절한 때를 기다린

다. 그때가 오기 전까지는 묵묵히 그릇을 키우며 물을 채울 따름이다. 그리고 마침내 정확한 시기가 오면, 머뭇거리지 않고 그걸 쏟아낸다.

Chapter 3

강자의 아비투스

인생이 술술 풀리는 치트키

강자는 정보를 제공하는 사람이 아니라, 수많은 정보를 제공받는 사람이다. 떠드는 것보다 듣는 걸 좋아하는 사람이고, 스스로 낮출 줄 아는 사람이다. 낮출수록 군림하게 되고, 비울수록 채워지게 된다는 걸 알기 때문이다. 노자는 이렇게 말한다.

강과 바다가 모든 골짜기의 왕이 될 수 있는 까닭은 아래로 낮추기 때문이다. 그래서 모든 골짜기의 왕이 될 수 있다. 이런 까닭에 백성의 위에 서고자 하면 반드시 그 말을 낮추고, 백성의 앞에 서고자 하면 반드시 그 몸을 뒤로 물려야 한다. 그러므로 성인은 위에 있어도 백성이 무겁다 여기지 않고, 앞에 있어도 백성이 해롭게 여기지 않는 것이다. 그래서 천하가 그를 즐겨 받들면서도 싫어하지 않는다. 이렇게 하여 그는 다투지 않는다. 그러므로 온 천하가 그와 다툴 수 없는 것이다.

－『도덕경』, 「선하」

겸손한 사람이 강자인 까닭은 사람들이 겸손한 사람은 부담스럽거나 해롭게 여기지 않기 때문이다. 흔히 잘난 사람이 사람들의 존중과 선망을 받는 것 같지만, 그들은 선망을 받는 것만큼이나 은근히 시기와 질투도 함께 받는다.

하지만 적절하게 자신을 낮출 줄 아는 이에게는 사람들이 편하게 많은 말을 쏟아낸다. 그 속에서 강자는 많은 정보를 얻고, 유대감을 쌓으며, 자신이 뜻하는 바를 실현시킬 기회도 많이 얻는다. 그러므로 사람들에게 높임을 받고 싶다면, 역설적으로 스스로 낮출 수 있어야 한다.

지혜로운 자는 이해를 고려하여 적절히 섞어 운영한다. 이로움을 만들어 임무를 신뢰하게 만들고, 해로움으로 근심거리를 해결한다.

그러므로 해로움으로 제후를 굴복시키고 (…) 이로움을 보여주어
제후를 유인한다.

－『손자병법』,「구변」

손무는 탁월한 전략가였지만, 직접 전쟁을 치르는 것보다
전쟁을 예방하는 것을 더 중요하게 생각했다. 싸워서 얻어내
는 것보다, 싸움을 피하고 얻어내는 것이 더 좋다고 생각했
기 때문이다. 이를 위해서는 최대한 많은 정보를 쥐고, 그것
을 이용할 줄 알아야 한다. '지피지기 백전불태知彼知己百戰不
殆', 즉 상대를 알고 나를 알면 백 번 싸워도 위태롭지 않다고
말한 뜻이 여기 있다.

생존을 건 싸움이 빈번하게 이뤄졌던 전국시대와 달리,
오늘날 우리가 마주하는 사람들은 목숨을 걸고 물리쳐야 할
적이 아니다. 하지만 정보의 힘만은 여전히 중요하다. 상대가
무엇을 원하고 꺼리는지를 알면, 우리가 원하는 바를 효과적
으로 관철할 수 있다. 내 입장을 관철시키는 것이 아닌, 너와
나 양쪽 모두가 받아들일 만한 타협점을 도출해 제안하는 것
이 바로 협상이다. 상대의 본심을 유추하고 욕망을 가늠하여,
내 욕망을 최대한으로 실현할 교집합을 찾는 것이다. 그러려

면 상대에게 더 많은 말을 하게 만드는 게 좋다. 그래야 정보를 얻고, 나아가 친밀감을 쌓을 수 있다. 앞서 살펴본 것처럼, 인간의 뇌는 말하는 것을 즐기도록 설계됐기 때문이다. 상대가 나를 편하게 여겨서 많은 말을 하면, 나는 큰 그릇이 되어 그것들을 잘 담아내면 된다.

우리는 지혜롭고 윤리적이어서 본받을 만한 사람을 성인聖人이라 부른다. 본래 성聖은 귀가 좋아 다른 사람의 말을 잘 듣는 사람, 하늘의 소리를 잘 듣는 사람을 뜻한다. 공자나 노자, 붓다 등 훌륭한 덕망을 갖춘 성인을 묘사할 때 공통적으로 큰 귀를 그리는 이유가 이 때문이다. 성인의 가르침은 입과 혀가 아니라, 귀로부터 나온다.

큰 그릇을 가진 진정한 리더가 되고 싶은가? 그렇다면 끊임없이 자랑을 하며 떠드는 데 에너지를 낭비하지 마라. 반대로 자신을 낮추어 상대를 편하게 만들고, 상대의 가치를 인정해주어 그가 신나게 만들어라. 꼭 이해관계 때문에 그러라는 게 아니다. 상대를 기분 좋게 만드는 행위는 이해관계를 떠나 언제나 유용하다.

우리는 모두 더 나은 사람이 되고 싶고 자신의 가치를 상승시키고자 하는 향상욕이 있다. 살아가면서 그 욕망을 충족하지 못하면, 실망하고 좌절하고 부정적인 에너지에 사로잡혀 결국 자신을 망치고 타인과 세상에까지 부정적인 영향을 미친다.

몇 년 전, 지하철역 안에서 만취해서 행패를 부리던 사람이 기사화된 적 있다.[10] 폭력적인 행동에 역무원이며 승객들이 공포를 느끼고 있는데, 갑자기 한 청년이 나타났다. 그는 천천히 다가가 "아저씨, 힘드시죠" 하고 말하며 그를 안아주었다. 그러자 주취자는 거짓말처럼 욕설과 행패를 멈추고 눈물을 흘리며 유순해졌다. 그가 술에 취해 폭력적인 행동을 한 이유는 세상 누구도 그의 말에 귀 기울여주지 않았기 때문이다. 또한 그가 그런 행동을 멈춘 건, 청년의 행동으로 인해 자신이 여전히 가치 있는 존재라고 느꼈기 때문이다. 이처럼 지금 나와 마주하고 있는 상대의 말에 귀를 기울이고, 그가 신나게 떠들게 하는 일은 세상의 차원에서도 좋다. 그래서 성인이나 그릇이 큰 사람을 듣는 사람이라고 말하는 것이다.

그릇이 큰 사람은 다재다능한 연주자처럼 어떠한 상대든 간에 그가 마음 편하게 떠들게 만들어서, 그 사람과 빠르게 친해질 수 있다. 내 이야기를 들어주고 만나면 신나게 떠들 수 있는 사람과 거리를 둘 이유가 없기 때문이다. 경청의 힘은 너무도 강력해서, 오랜 시간을 공유한 친구나 가족보다 빠르게 친해질 수 있다. 상대를 일단 한번 신나게 만들면 앞으로의 모든 과정이 편해진다.

하지만 아무리 듣는 것이 중요하다고 해도, 모든 사람의 말에 매번 귀 기울일 수는 없다. 우리의 시간은 한정적이고 소중하다. 그러나 사람들을 신나게 만드는 것, 그리고 **진정으로 나의 그릇을 키우는 일이 말하기 능력이 아니라 듣기 능력에서 온다는 사실만은 반드시 기억해야 한다.** 적재적소에 그 능력을 꺼내 사용한다면 자신에게도 이롭고 세상에도 이로울 것이다.

"인간은 누구나 자신의 가치가 상승되는 것을 원한다." 너무도 간단한 이 본질에서 언어와 관계에 관한 모든 기술이 파생된다. 상대의 가치를 있는 그대로 인정해주면, 상대는 상실감이 해소되고 자존감이 올라간다. 상대를 칭찬함으로써 그들의 가치가 올라갔다고 느끼게 해주면, 그들은 온 힘을 다해서 당신을 도울 것이다.

듣는 능력과 함께 중요한 것이 하나 더 있다. 타인을 함부로 비난하지 않는 것이다. 경청과 칭찬이 상대의 가치를 높인다면, 비난은 상대의 가치를 깎는 행위다. 비난에 직면했을 때, 사람들은 대부분 그걸 기꺼이 수용하는 대신 해명하거나 비난하는 대상을 역으로 공격하는 데 힘을 쏟는다. 그것이 인간이라는 종의 본능이다. 누구나 자신의 가치를 지키고자 하기에, 타인의 비난으로 자신을 돌아보는 사람은 극히 드물다. 그래서 공자는 이렇게 말한다.

군자는 남의 좋은 점은 충분히 발휘되도록 해주고 남의 나쁜 점은 나타나지 않도록 해준다.

－『논어』, 「안연」

사람은 누구나 너그럽고 좋은 사람이 되고 싶은 마음과 남보다 우월해지고 싶은 향상욕을 동시에 갖추고 있다. 이런 본성을 잘 이해하는 강자는 상대의 좋은 사람이고자 하는 욕구를 증폭시키고, 상대의 가치 상승 욕구를 확장시켜 단점을 메우도록 유도한다. 섣부른 비난으로 상대의 변명이나 공격을 부르지 않는다. 구구절절한 변명은 서로의 시간만 낭비할 뿐이고, 공격에 맞서다 보면 서로의 가치만 깎아먹는다. 그래서 강자는 남을 비난하지 않는다. 그저 원하는 바만 얻거나, 차라리 피할 뿐 싸우지 않는다.

언어는 인간을 다른 동물과 구분 짓는 가장 탁월한 능력이다. 그러나 언어의 진정한 힘은 말하는 게 아니라 듣는 데 있다. 혹시 누군가와 갈등을 겪고 있거나 까다로운 협상 상황에 놓여 있다면, 하고 싶은 말을 아끼고 먼저 상대가 편하게 자기 할 말을 하도록 해보라. 때론 내가 열 마디 말을 내뱉는 것보다 상대의 열 마디 말을 들어줄 때, 원하는 것을 쉽게 얻게 된다.

역사적으로 가장 훌륭한 전략가는 자신의 빛나는 머리에만 의지해 모든 걸 판단하는 사람이 아니다. 오히려 주변 동료의 말을 잘 경청하고, 적재적소에 그 아이디어를 활용할 줄 아는 사람들이다. 최고의 리더는 저 혼자 잘나서 수십 개의 악기를 연주하는 사람이 아니라, 누구와 있든 주변 사람들이 제 능력을 최대한 발휘할 수 있도록 조율하는 사람이다. 실로 제대로 경청할 줄 아는 능력만 있다면 삶에 담대하게 임할 수 있다. 최고의 합주곡을 연주하고 싶다면, 혼자서 악기 수십 개를 연습하지 말라. 대신, 실력 있는 연주자들을 한 팀으로 엮어내라.

우리는 더불어 살아간다. 무언가를 혼자 힘이 아닌, 함께 이뤄낼 수 있다는 것은 얼마나 큰 축복인가? 그러기 위해선

타인을 잘 알아야 한다. 타인의 마음을 이해할 수 있다면, 이
세상은 훨씬 살 만한 곳이 될 것이다.

강자의 언어

말의 힘을 회복하기

❖

인간은 대화를 통해 무엇을 얻어낼 수 있을까? 첫째는 정보다. 우리가 무언가를 판단하고 결정을 내릴 때 필요한 것으로, 충분한 정보가 없다면 현명한 의사결정을 내릴 수 없다. 그래서 인간은 계속해서 교육에 힘쓰고, 대화를 통해 서로의 객관적·주관적 정보들을 공유하는 데 힘쓴다. 사회적 차원에서도 인간은 언어를 통해 수천 년간 정보를 쌓아왔으며, 이를 통해 문명과 기술 발전을 이룩해왔다.

둘째는 합의다. 모든 존재는 자기 보존과 향상욕이 있기에, 살면서 필연적으로 갈등 상황을 마주한다. 자연 상태에서 동물은 힘을 통해 이를 해결하지만, 인간은 언어로 갈등을 조정하거나 해결할 수 있다. 대화를 통해 서로의 이견을 조율하고, 합리적인 결론을 도출하는 것이다.

셋째는 우애다. 실로 오랫동안 집단생활을 이어온 인간은 본능적으로 타인과 교류하고 힘을 모으는 것이 자신에게 이롭다는 것을 알고 있다. 이른바 사회적 존재로서 인간은 쉽게 외로움을 느끼고 결핍을 채우려 한다. 사교적인 메시지, 즉 자신을 소개하고, 안부를 묻고, 일상과 취미를 나누는 것 모두가 우애를 쌓기 위함이다.

마지막 넷째는 결핍의 해소다. 인간은 타고나기를 쉽게 만족할 줄 모른다. 그래서 매번 자기 가치를 인정받길 원하고, 결핍된 마음을 해소하려 한다. 쉴 새 없이 떠벌리며 자기 자랑을 하는 사람도, 겉으로 친절하고 속내도 잘 내비치지 않는 이들도 속내를 살펴보면 예외가 없다.

또 인간은 기계가 아니기에 속내를 온전히 통제할 수 없다. 따라서 사람이 하는 말을 살펴보면, 그가 지닌 결핍이 뭔지 알아낼 수 있다. 성공한 사업가는 자신의 성취에 대해 떠들면서 타인에게 존경을 바라고, 부모는 장성한 자식을 자랑하면서 타인의 인정을 바란다. 사람들이 간결하게 말하는 것보다 장황하게 말하는 경우가 많은 까닭은 타인에게 자신의 통찰력을 자랑하고 싶기 때문이다. 즉, 타인의 인정을 통해 자기 결핍을 해소하려 하는 것이다.

우리의 일상 대화는 대체로 이 네 가지 목적에서 이루어 진다. 앞의 두 개는 이성의 영역과 가깝다면, 뒤의 두 개는 감성의 영역과 가깝다. 그럼, 후자에 대해 좀 더 살펴보자.

비즈니스가 아닌 일상의 영역에서, 우리는 대개 친교의 목적과 결핍 해소의 목적으로 대화를 나눈다. 즉, 이성보다 감성이 중요한 대화를 나누는 것이다. 이런 대화에서 중요한 것은 옳고 그름을 꼼꼼하게 따지는 일이 결코 아니다. 나와 상대가 감정적으로 편안함을 느끼는 것이 중요하다. 그러려면 먼저 상대를 인정해주고 결핍을 채워줘야 한다. 사람은 누구나 자신을 인정해주는 이를 친하게 여기고, 그런 이에게 좀 더 쉽게 자신의 정보를 털어놓거나 제안을 수락하기 때문이다.

그렇다면 사람들이 느끼는 결핍은 어떤 종류가 있을까? 결핍은 대개 자랑, 비방, 평가, 해명, 차별화 다섯 가지로 나눠서 나타난다.

1. 자랑

인간은 자랑을 좋아한다. 자신의 성취와 통찰을 뽐내고, 우연히 얻은 좋은 결과도 미리 의도한 척한다. 자기 가치를 상승시키려 하는 것이다. 결핍에서 시작된 그 욕망을 채워주는 것이 바로 칭찬과 인정이다. 우리 마음은 자기 가치를 높여주는 것에 끌리게 되어 있다. 우리가 가치 있다고 여기는 모든 것, 즉 완전무결하고 전지전능한 신을 비롯해, 명품이나 보석, 고전이나 예술 등 온갖 우월한 것들을 내 것으로 만들고자 한다. 그것들을 통해 내 가치를 높이려는 것이다.

우리가 칭찬해주는 사람에게 끌리는 이유도 여기에 있다. 그러니 사람의 마음을 얻고 싶다면 다음 말을 명심하자. 진심을 담아 상대를 인정하고 칭찬해주거나, 스스로 가치를 높여 상대가 나와 가깝게 지내고 싶게끔 하는 것이다. 후자의 방법은 무척 가치 있지만 시간이 걸린다. 따라서 우리는 상대가 하길 원하는 자랑을 내가 대신 해줌으로써 보다 빠르고 효과적으로 그 목적을 달성할 필요가 있다.

2. 비방

인간의 삶은 대개 고달프다. 만족스러운 일보다 불만족스러운 일이 더 많고, 인정받는 일도 쉽지 않다. 그럼에도 우리는 자기 가치를 지켜내야만 한다. 그러지 않고서는 살 수 없기 때문이다. 이를 위해, 더 나은 삶을 위해 노력하고 도전하는 방향으로 나아가면 좋겠지만, 종종 부정적 방향을 택할 때도 있다. 예컨대, 원인을 전가하는 것이다. '운이 나쁘다', '누구누구 때문에'라는 말들이 대표적이다. 자기 잘못과 비합리적 의사결정을 인정하지 못하고, 다른 것에 책임을 떠넘겨 자신의 무능을 덮는 것이다. 설령 자기 잘못이 너무나 뻔한 상황에서도 말이다. 사형을 앞둔 끔찍한 범죄자조차 최후의 변론에선 자신을 괴물로 만든 사회를 비난한다.

따라서 반성은 정말로 훌륭한 태도다. 본성을 뛰어넘는 행위이기 때문이다. 따라서 우리는 자기 잘못을 진정으로 반성할 줄 아는 사람을 너그럽게 포용할 필요가 있다. 대다수는 자신을 초라하게 만드는 타인을 비방하거나 깎아내림으로써 자신을 높이려고 한다. 그들은 무대에 오른 주연을 질투한다. 주연이 되려고 노력하는 대신, 박탈감을 품고 부정적으로 세상을 바라보며 타인의 잘못을 찾는다. 이런 이들은 최대한 피하는 게 좋지만, 마주하더라도 싸우기보다 그들이 원하는 인정을 주는 것이 좋은 방법이다.

3. 평가

사회를 비판하거나 타인을 평가하는 일은 꽤 즐겁다. 간편하게 재판석에 앉아 있으면 되기 때문이다. 대표적인 예로 '콜럼버스의 달걀' 이야기가 있다. 신대륙을 발견한 콜럼버스의 업적을 깎아내리는 사람들이 있었다. 어느 날 콜럼버스가 그들이 모인 자리에서 달걀을 꺼내 그걸 세워보라고 하자, 누구도 세우지 못했다. 하지만 그가 다시 달걀의 일부분을 깨서 세우자, 그제야 사람들은 그런 건 누구나 할 수 있다고 비웃었다. 그 누구나 할 수 있는 일을 콜럼버스가 하기 전까지는 생각조차 못했던 사람들이 말이다.

이처럼 인생에서 뭔가를 이루어내는 일은 무척 어렵고 오래 걸리지만, 그걸 평가하는 일은 너무 쉽다. 법복을 입고 재판관의 지위에서 그럴듯한 통찰을 늘어놓으며, 스스로 날카롭다고 뽐내며 우월감을 맛본다. 그러면서 자신의 무능과 결점을 잊는다. 말 몇 마디로 다른 누군가를 굽어볼 수 있기에, 한번 중독되면 좀처럼 남을 평가하는 행위를 끊을 수 없다.

그래서 우리는 통찰 또는 충고나 조언이라는 허울을 경계해야 한다. 타인의 흠을 들추는 일은 쉽게 즐거움을 주지만, 결국 자기 가치만 깎는 행위다.

4. 해명

인간은 누구나 스스로 살아온 삶에 대해 이해받기를 원한다. 자신이 살아온 삶과 감정, 순간의 생각들을 인정받고, 개별적인 존재로서 이해받기를 바라기 때문이다. 따라서 변명이나 해명을 부정적으로만 바라볼 필요는 없다. 지나친 자기변명으로 일관하는 것이 아니라면, 적절한 변명과 해명은 그가 좀 더 나은 사람이 되도록, 그리고 관계가 좀 더 나아지도록 돕는다. 인간은 누구나 고유한 존재로서 이해받기를 원하며 소통을 원하기에, 타인의 해명을 잘 들어주는 일은 동시에 자신의 가치를 높이는 일이기도 하다.

5. 차별화

가치는 희소성에서 나온다. 그래서 사람들은 남과 다른 특별한 존재가 되기를 원한다. 남과 다른 취향, 이력, 행적에 대해 끊임없이 이야기하며, 자신은 남들처럼 평범하지 않다고 구분 짓는다. 인간은 무리를 지어 사는 사회적 동물로서, 무리와 다른 고유성을 갖추고 싶은 욕망은 얼핏 모순적으로 보이기도 한다.

하지만 인간은 평범한 존재로 사느니 예술가로 불리기를

원한다. 예술가는 누군가를 모방한다는 평가를 받는 걸 견디지 못한다. 가치가 떨어진다고 느끼기 때문이다. 압도적으로 우월한 능력을 통해 남들이 생각하지 못한 것을 기획해 차별화되길 바란다. 그 과정은 무척 고되다. 끊임없이 자신을 제련하고, 세상의 유행과 떨어져야 하기 때문이다.

이처럼 인간의 결핍은 다섯 가지 맥락을 통해 언어화된다. 자신의 가치를 지키고자 하는 관성은 과거에 대한 합리화로 쉽게 이어지는데, '나 때는 말이야'라는 말이 대표적이다. 낡은 과거를 미화하며, 작은 성취와 영광을 계속 언급한다. 그러나 그 과거는 이미 지나갔다. **자신의 가치를 높이는 일은 현재와 미래를 잘 살아가는 데 있지, 과거를 미화하는 데 있는 것이 아니다.**

불만족이라는 내면의 괴물을 이겨내려면 현재에 충실하면서 미래를 위해 노력해야 한다. 우리의 시간은 끊임없이 과거가 되기에, 현재에 충실하지 않으면 과거는 계속해서 불행할 수밖에 없다. 동서고금 위대한 철학자들이 현재의 중요성을 강조한 이유다. 현재에 오롯이 집중하는 것만이 한 번밖에 없는 우리의 삶을 잘 살아내는 유일한 해답임을 알고 있던 것이다.

오늘날 우리가 익히 잘 알고 있는 "카르페디엠Carpe diem", 즉 오늘을 살라는 말을 유행어로 만든 사람은 로마의 시인 호르티우스다. 그는 기원전 44년 브루투스의 편에 섰다가 패하는 바람에 재산과 권력을 모두 날린다. 하지만 그는 절망하는 대신, 자신의 좌절과 허망함을 시로 표현하는 걸 택했다. 그렇게 시를 쓰기 시작했고, 결국 로마시의 완성자가 되었다.

이처럼 훌륭한 위인들은 대개 자신이 마주한 고통을 비관하는 대신, 오히려 그것을 연료로 삼아 탁월한 업적을 이루어냈다. 자신만의 내면의 기준을 정립하고, 하루하루 조금씩 나은 삶을 향해 노력했다. 그 과정에서 말이 아닌 행동을 우선시했고, 자신의 불만족을 동력으로 삼아 긍정적인 미래를 만들어냈다. 인간은 자신이 상상한 삶을 실제로 만들 수 있는 유일한 동물이다. 이 점을 명심하면서 자신의 결핍을 돌아볼 수 있다면, 인생은 조금 더 살 만한 것이 될 것이다.

인생을 잘 사는 방법은 별것이 아니다. 인간은 살면서 누구나 불만족스러운 상황에 처한다. 다만, 누군가는 그런 상황을 신세 한탄과 변명에 사용하고, 다른 누군가는 그 상황을 개선하려 끊임없이 노력하며 목표를 세우고 원대한 비전을 좇는다. 마음속 깊은 곳의 불만족을 제힘으로 극복하겠다는 의지야말로 인간만이 지닌 위대함의 원천이다.

또한, 말은 그런 의지를 타인과 세상에 비추는 거울이다. 자신을 깎아내리거나, 타인을 비난하는 부정적인 말은 아예 하지 말자. 할 수만 있다면, 타인에게 칭찬과 인정, 위로와 이해를 건네자. 그것은 남을 위한 것이기도 하지만, 우리 자신을 위한 것이기도 하다.

우리는 자신과 타인의 결핍을 이해함으로써 말의 힘을 회복할 수 있다. 다섯 가지 결핍의 맥락을 이해하여 자신의 결핍을 긍정적으로 해소하고 타인의 결핍을 감싸 안는 데 필요한 언어를 사용할 수 있다면, 그것이 곧 강자의 길로 들어서는 지름길이다.

존중

사람을 얻는 지혜

　약자는 쉴 새 없이 떠들지만 정작 실속이 없다. 아니면 하고 싶은 말이 있어도 눈치를 보느라 꾹 참는다. 반대로 강자는 많은 말을 하지 않지만, 꼭 필요한 몇 마디의 말을 적절한 타이밍에 함으로써 상대의 마음을 움켜쥔다. 이처럼 힘 있는 언어를 손에 넣기 위해 우리는 무엇을 해야 하는가? 바로 인간의 가치 증가 욕구를 이해하는 것이다. 이를 통해 우리는 말의 힘을 강화할 수 있고, 적게 말하고 많이 취할 수 있다. 중국 전국시대의 철학자 순자는 다음과 같이 말했다.

높은 곳에 올라 손을 흔들면 팔을 길게 늘인 것도 아니지만 멀리서도 볼 수 있고, 바람이 부는 방향으로 외치면 소리를 더 크게 낸 것도 아니지만 멀리서도 들을 수 있다. 수레와 말을 빌린 사람은 발이 빨라진 것은 아니지만 천리를 나아갈 수 있고, 배와 노를 빌린 사람은 물에 익숙해진 것도 아니건만 장강과 황하를 건넌다. 군자는 태어날 때 특별하게 태어나는 것이 아니라 사물을 다룰 줄 아는 사람이다.

―『순자』, 「권학」

순자는 이 구절을 통해 외부의 상황과 에너지를 잘 활용하는 지혜를 강조한다. 또 능히 그럴 능력을 갖춘 사람을 '군자'라 부른다. 기원에서 바둑을 둘 때 눈앞의 상대에게 패배한 사람은 "그걸 못 봤네", "실수했네"라고 말하지 자신의 실력이 부족해서 졌다는 말은 잘 하지 않는다. 자신의 가치를 지키고 싶기 때문이다.

그때 '못 본 게 아니라 못 하시는 것 같습니다'라고 말하면 어떻게 되겠는가? 당연히 상대는 불같이 화를 낼 것이다. 자신의 가치가 깎였기 때문이다. 그런 상황에서 상대는 내가 무례하고 비열한 사람이 될수록 자기 가치가 보존되기에 계속 그 악감정을 이어갈 것이다. 겨우 바둑 한 경기로 적을 만들어버린 것이다. 반대로 '이번 판은 제가 운이 좋았습니다' 혹은 '어떻게 겨우 이겼습니다'라고 말하면 어떨까? 관계가 가까워질 것이다. 그 말이 그의 가치를 지켜주었기 때문이다. 지극히 단순한 논리다.

앞서 우리는 강자의 언어가 적과 싸워 이기기 위한 것이 아니라, 적마저 내 편으로 만드는 것임을 살펴보았다. 그렇다면, 구체적으로 어떤 언어를 통해 사람을 얻을 수 있는가? 미켈란젤로는 다음과 같은 유명한 말을 남겼다.

- 모든 돌덩어리는 이미 조각상들을 품고 있다. 그것을 발견하는 사람이 조각가이다.
- 조각 작품은 내가 작업을 하기 전에 이미 그 대리석 안에 만들어져 있다. 나는 다만 그 주변의 돌을 제거할 뿐이다.

이 두 문장에 친밀감의 본질이 응축되어 있다. 미켈란젤로는 조각이 없는 형상을 만드는 것이 아니라, 뭉툭한 대리석 안에 있는 완성된 조각의 형상을 발견하는 것이라 보았다. 그에게 대리석은 단순한 재료가 아니라 이미 완성된 작품이 들어 있는 대상이었다. 사람도 마찬가지다. 누구나 마음속에 조각상 하나쯤은 품고 산다. 비록 현재의 모습이 그 조각상의 모습과 거리가 있을지라도 말이다. 예컨대, 나는 '깊은 통찰력을 갖춘 성실한 작가'라는 조각상을 마음에 품고 있다. 그래서 내 주장과 문장력, 근면성을 칭찬하는 이에게 마음을 연다. 나의 노모는 '헌신적으로 훌륭하게 자식을 길러낸 엄마'라는 조각상을 품고 있다. 그래서 당신의 희생을 인정하는 말에 호의적으로 반응한다.

어떤 직장인은 동료와 화합하는 존재가 되고 싶은 마음을 품고 있고, 다른 누군가는 남들과 다른 탁월한 존재가 되고 싶은 마음을 품고 있다. 설령 현재 보이는 모습이 그렇지 않을지언정, 내면에 품은 마음을 누군가가 알아주고 또 그렇게 바라봐준다면, 쉽게 마음이 열릴 수밖에 없다.

철학자 아리스토텔레스는 이를 '탁월성arete'이라는 개념으로 설명했다. 예컨대, 도토리에는 참나무가 될 수 있는 잠재력이 있다. 여기서 씨앗은 그냥 씨앗이 아니라, '가능태'로서 존재하는 나무다. 인간도 마찬가지다. 부레가 없어 물에 저절로 뜨질 못해 계속 헤엄치지 않고서는 살아갈 수 없는 상어처럼, 인간은 솟구치는 도파민으로 인해 늘 향상욕을 품고 산다. 아직 겉모습은 도토리에 불과한 사람도 가슴 한편에는 참나무가 있다.

따라서 우리가 상대의 겉모습이 아닌 내면의 참나무를 보는 투시력을 기른다면, 어떤 상대와도 빠르게 가까워질 수 있다. 좋은 관계는 우리가 원하는 바를 이룰 수 있는 가장 훌륭한 자산이다. 이때 좋은 관계를 맺기 위한 훌륭한 팁이 하나 있다. 앞서 순자가 말한 것처럼 '사물'을 잘 이용하는 것이다. 인격자로 보이고 싶은 사람에게 외모만 칭찬하거나, 미남으로 불리고 싶은 사람에게 인격만 칭찬해서는 상대의 마음을 얻을 수 없다.

사람의 마음을 얻는 방법에는 크게 세 가지가 있다. 첫 번째는 인기, 권력, 재력, 좋은 품성과 평판 등 높은 가치를 갖추는 것이다. 이 방법은 말의 힘을 갖추고 관계의 자산을 키우는 가장 확실한 방법이다. 쉽게 말해, 자신이 더 나은 사람이 되면, 사람들은 자연히 나와 가까워지고 싶어 한다. 이들은 다른 사람과 고민의 방향이 조금 달라진다. 그들은 어떻게 사람들과 친해질까가 아니라, 타인의 진정성이 어떨까를 고민한다. 따라서 우리는 더 나은 사람이 되기 위한 노력을 중단해서는 안 된다.

물론 인기, 권력, 재력 등은 단시간 내에 얻기 힘들다. 이 럴 땐 상대적으로 이루기 쉬운 것부터 천천히 향상시키자. 상대의 방어기제를 건드리지 않는 습관을 기르는 것도 방법 이다. 말을 조심스레 하는 사람은 타인의 좋은 평판을 얻는 다. 그 과정 속에서 자신감이라는 또 하나의 자산을 얻을 수 있다. 자신감은 나의 힘으로 삶을 개선시킬 수 있는 능력이 있다는 확신이다. 이를 지렛대 삼아 나머지 영역을 키워나가 면 사람들에게 존경과 사랑을 받을 수 있다.

강해지기를 포기하는 사람은 어떠한 것도 손에 쥘 수 없 다. 아무리 열심히 노력해도 당장 큰 결과를 얻을 순 없겠지 만, 거대한 산과 바다도 결국 한 줌의 모래와 물방울들이 모 여 이루어진 것이다. 결국 모든 일이 이루어질 것이고, 좀 더 나은 자신이 될 수 있다는 믿음을 지켜야 한다. 공자 역시 어 릴 적에는 비천한 일을 하며 자신을 갈고닦았다고 고백했고, 무려 13년 동안 곳곳을 떠돌며 상갓집, 저잣거리 등 장소를 가리지 않고 자기 뜻을 전파했다. 더 나은 인간이 된다는 건, 이처럼 절대 포기하지 않고 끝없이 노력하는 사람만이 도달 할 수 있는 경지다.

사람의 마음을 얻는 두 번째 방법은 상대의 가치를 올려주는 것이다. 모호한 말이 아니라 구체적 칭찬으로 상대의 고유성을 존중하고, 그의 통찰에 공감해줘라. 때로는 상대에게 조언을 구함으로써 그의 역량을 간접적으로 인정해주는 것도 좋다. 다시 말해, 상대가 쓸모 있는 사람이라는 기분이 들게 해주는 것이다. 자신을 도토리가 아니라 참나무로 바라봐주는 상대에게, 우리는 기꺼이 헌신과 애정으로 그 값을 지불한다.

마지막 세 번째 방법은 상대의 감정에 진심으로 공감해주는 것이다. 하나의 조각상이 탄생하기 위해서는 불필요한 부분들이 제거되어야 한다. 누군가 그런 장애물을 탓하며 답답함과 억울함을 느낀다면, 기꺼이 공감해줘라. 이때 공감은 구체적인 것이 좋다. 앞선 미켈란젤로의 예시처럼 상대의 가치 상승을 방해하는 장애물을 적극적으로 치워주는 것이다. 이를테면, 누구보다 열심히 일했지만 승진하지 못해 울분에 찬 동료에게 "괜찮아? 힘내라"고 말하는 건 조금 부족하다. 이런 단순한 위로는 근본적인 원인에 대한 공감이 아니기에, 상대의 귓등에 오래 머물지 못한다.

그럴 땐 동료에게 "회사의 평가 기준이 이해가 안 되네. 너처럼 열심히 일하고 능력 있는 사람이 승진 못하다니 회사의 미래가 걱정된다"라는 식으로 상대의 가치 상승을 방해하는 장애물을 정확하게 짚어주는 말을 건네야 상대의 억울함이 해소된다.

인간에게는 향상욕이 인생 최대의 과제이기에, 높은 곳에서 굽어보며 어깨를 두드리는 말보다는 자신과 나란히 서서 앞에 놓인 장애물을 정확하게 짚어주는 태도에 더 호의적으로 반응한다. 그런 말을 해주는 사람은 주변인이 아니라, 같은 적을 두고 싸우는 아군으로 인식되기 때문이다.

결론

천둥에 포효하는 사자가 되어라

지금까지 우리는 강자가 어떻게 사람의 마음을 얻는지 살펴보았다. 하지만 잊지 말아야 할 것이 하나 더 있다. 우리의 시간은 한정적이라는 것기에, 썩은 도토리에겐 말을 아낄 줄 알아야 한다는 것이다.

여기서 썩은 도토리란 자기 능력에 비해 터무니없이 큰 꿈을 품고 있으면서, 그 괴리를 행동이 아닌 말로만 해소하려는 이를 뜻한다. 그들은 자기 가치를 높이는 데 힘쓰지 않고, 다른 사람을 깎아내리는 데 열중한다. 그런 이들과는 친분을 쌓아봤자 인적 자산이 늘어나는 게 아닌 오히려 부채만

늘리는 행위다. 그들은 비관적인 감정에 쉽게 매몰되고, 회복 탄력성을 잃어버려서 당신에게 의존하거나, 채권자처럼 당연하게 칭찬을 요구할 것이다. 당신을 감정 쓰레기통으로 여기고, 당신의 명료한 의식과 에너지를 좀먹을 것이다. 그래서 질 좋은 관계를 선별할 안목이 필요하다. 강자는 외로움에 강하고, 마음이 허기지지 않았기에 썩은 음식을 구태여 먹지 않는다. 탁월한 안목으로 윤이 나는 도토리만 골라 담아내면 그만이다.

조급해하지 말고 차분함을 유지하라. 강자에게 중요한 것은 빠른 결정이 아니라, 합리적인 의사결정이다. 강자는 냉철한 관찰자의 시각에서 세상을 바라보기에, 일희일비하지 않고 고요하게 판단하고 행동한다. 진정한 강자에게는 자기 자신조차도 관찰 대상이다. 그들은 자신을 포함한 세상을 넓게 조망하면서 자신에게 유리한 무대로 몸을 옮길 줄 안다. 또한, 넓은 시야를 갖추고 매사 겸손하게 타인을 대한다. 타인의 방어기제 앞에서는 더욱 조심해 미움을 받지 않기에, 늘 좋은 평판을 얻는다.

강자들은 끊임없이 스스로를 발전시키고자 노력한다. 세상은 우리가 풀기 힘든 문제로 즐비하지만, 강자에게는 그걸 마주하는 과정이 고통이 아니라 즐거움이다. 그렇기에 그들은 돌발 변수나 난관도 차분한 마음으로 맞이한다. 삶의 변수가 까다로울수록 자기 능력을 향상할 기회는 더 커지기 때문이다.

이해와 호기심의 창으로 세상을 바라보고, 눈앞의 문제들을 대화를 통해 하나씩 해결해보자. 감정만 소진한 지난 실패의 시간은 원석을 다듬는 시간이었다. 좋은 기술을 익혀 천천히 원석을 연마한다면, 투박한 원석을 훌륭한 보석으로 만들 수 있다. 이전까지 백 마디의 말로도 원하는 것을 얻지 못했는가? 강자가 되면 몇 마디 말로도 사람을 설득하고, 자신이 원하는 것을 얻어내며, 훨씬 순조로운 인생을 살아갈 수 있다. 인생의 효율이 증진되는 것이다.

또한 우리는 삶의 부정적 요소들을 무조건 외면하지 말고, 그걸 삶의 일부로 받아들이고 품을 수 있어야 한다. 마음의 그릇을 키우고, 세상의 고난에 절망하지 않는 법을 배워야 한다. 17세기 영국 상인 조셉 드 라 베가는 "불운을 두려워하지 않고 충격을 견디는 법을 아는 사람은 천둥에 혼비백산하여 숨을 곳을 찾는 암사슴이 아니라 천둥에 포효로 응답하는 사자를 닮았다"라고 말했다.[11] 우리가 인생 전반에 걸쳐

교훈으로 삼을 만한 문장이다.

진정한 강함이란 누군가를 무찌르고 공격하는 힘에 있는 게 아니다. 어떤 외압에도 내 마음과 소중한 것들을 지킬 수 있는 내면의 단단함에 있다. 내면이 단단한 이들은 현실에 좌절하지 않고 평정심을 유지한 채 문제를 하나씩 해결한다. 고통 자체는 누구도 피할 수 없지만, 그 고통으로 인한 절망에서 자유로운 것이다.

인간은 낙관과 희망, 노력으로 자신의 삶을 바꿀 수 있다. 비록 손에는 물집과 굳은살이 생길지 모르나, 결국 내면에 품은 조각을 자기 힘으로 창조해낼 수 있다. 오늘도 고난 속에서 살아가고 있다면, 신학자 라인홀트 니부어의 기도문이 지혜를 줄 것이다.

신이여, 우리가 변화시킬 수 없는 것을 받아들일 평온을, 변화시킬 수 있는 것을 변화시킬 용기를, 그리고 그 둘의 차이를 아는 지혜를 주옵소서.

어떠한 상황에서든 인간은 동물적 본능이라는 족쇄에서 벗어나 자신만의 삶의 태도와 방향을 설정할 자유가 있다.

다른 동물들이 생존과 번식의 굴레에 매여 있을 때, 인간은 불만족을 가장 예민하게 느끼고 이를 동력삼아 행동하는, 성장에 최적화된 유일한 생명체다. 어떠한 상황에서도 자신을 성장시킬 수 있는 것은 인간만이 가진 특권이다.

나바호 인디언들에게는 다음과 같은 말이 전해진다. "네가 세상에 태어날 때, 너는 울었으나 세상은 기뻐했다. 네가 죽을 때, 세상은 울어도 너는 기뻐할 수 있는 삶을 살아라." 우리 뇌의 기본값은 불만족이다. 그러나 탄생과 죽음의 순간에 인간의 뇌에서는 고통을 잊게 하고 만족을 유도하는 엔도르핀이 솟구친다. 이는 생이 주어지는 것에 감사하고, 각자의 몫대로 삶을 개선하며 살다가 후회 없이 눈을 감으라는 신의 배려일 것이다.

Part 2

†

강자의 언어자본
LINGUISTIC CAPITAL

Chapter 4

힘의 원리

모든 힘에는 방향이 존재한다

❖

자연 세계의 모든 사물은 필연적으로 다른 사물과 상호작용을 한다. 우리는 그 상호작용을 힘이라고 부른다. 힘은 우리가 원하는 방향으로 나아가는 것을 방해하기도 하지만, 잘만 이용하면 큰 도움을 받을 수 있다. 힘을 이용하는 방법에는 크게 두 가지가 있다. 첫째는 원래 힘이 가해진 방향에 힘을 보태는 것이고, 둘째는 원래 가해진 힘의 방향을 거슬러 이용하는 것이다. 여기서는 전자를 '강화強化', 후자를 '역화逆化'라고 정의하겠다.

좀 더 쉬운 이해를 위해, 유도 경기를 머릿속에 떠올려보

자. 경기를 치르는 두 사람은 먼저 서로를 향해 달려들어 힘을 가한다. 두 힘이 팽팽히 맞서는 가운데 어느 한쪽의 힘이 세지면, 상대는 그 방향으로 고꾸라진다. 그러나 시합에서 이기기 위해서는 자신의 힘을 사용할 뿐 아니라, 상대의 힘도 역으로 이용할 줄 알아야 한다. 특히 체급과 기량이 비슷한 경기에서는 더더욱 역화의 기술이 필요하다. 자신에게 거센 힘을 가하는 상대가 제 힘에 못 이겨 쓰러지게 만드는 것이다. 그러기 위해선 먼저 상대의 힘에 강하게 대항하여 그가 힘의 강도를 더 높이게끔 만들고, 그 힘의 방향을 오히려 역이용하여 순식간에 쓰러뜨려야 한다. 대부분의 유도 경기는 이렇듯 상대의 힘에 대항해 힘을 증폭시키고, 그 뒤 상대가 힘을 가하는 방향으로 힘을 더해 무너뜨리는 것으로 끝이 난다. 즉, 역화에서 시작해 강화로 끝나는 것이다.

유도에서 역화의 기술을 사용하는 이유는 순전히 힘 대 힘의 대결로 상대를 굴복시키는 건 정말로 어렵기 때문이다. 인간관계도 마찬가지다. 상대에게 힘을 가하면 가할수록 상대 역시 더 큰 힘을 짜내어 맞설 것이다. 그렇게 힘 대 힘으로 싸우면, 설령 승리한다고 하더라도 상처를 입기 쉽고 체력도 많이 소진되고 만다. 토론도 마찬가지다. 아무리 철두

철미한 논리로 상대에게 맞선다고 해도, 그 힘에 짓눌린 상대는 진심으로 굴복하기보다는 오히려 반감을 품을 확률이 높다. 왜냐하면 일방적인 힘으로만 찍어 누를수록, 상대는 자신이 약하지 않다는 것을 증명하기 위해 더욱 거세게 저항할 것이기 때문이다. 이들을 진심으로 항복시키기란 정말로 어렵다.

그래서 손무는 『손자병법』에서 "기하공성基下攻城", 즉 성을 직접 공격하는 것을 더러 최하급 전략이라 말한다. 성은 수비하는 입장이 공격하는 입장보다 훨씬 유리하다. 병사들이 활과 돌덩이를 피해가며 단단한 성을 꾸역꾸역 올라가서 승리하는 모습은 겉보기엔 용맹스러울지 모르나, 사실 전쟁을 훌륭하게 치렀다고 할 수는 없다. 필연적으로 아군의 출혈이 크게 따를 수밖에 없기 때문이다.

따라서 명장은 그런 전투를 함부로 치르지 않는다. 성을 단단히 지키는 상대가 있다면 전력을 다해 맞서는 대신, 상대가 그 성 밖으로 나오게끔 만든다. 공격할 것처럼 살짝 힘을 가하면서, 의도적으로 허점을 보여 상대로 하여금 자신이 이길 수 있겠다는 착각을 하게 만드는 것이다. 그렇게 상대가 힘을 쓰게 만들고, 그 힘의 방향을 역이용하면 큰 수고나

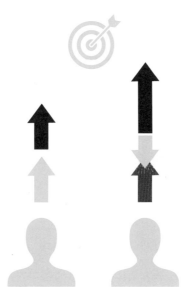

역화의 기술을 잘 활용하면 일반적인 강화보다 더 큰 위력을 발휘할 수 있다.

피해를 입지 않고 승리를 얻을 수 있다. 자고로 진정한 명장은 이렇듯 상대의 힘을 이용할 줄 알기에, 싸움이 매번 치열하지 않아 용맹함이 부각되지 않는 법이다.

 강화와 역화의 원리를 그림으로 표현하면 위와 같다. 이처럼 강자는 힘의 원리를 이해하고 있기에, 강화와 역화를 적절하게 사용할 줄 안다.

홍콩의 유명 영화배우 주윤발과 오맹달의 사례도 인간관계에서 역화를 활용한 좋은 사례다. 과거에 오맹달은 도박에 빠져 재산을 탕진하고 큰 빚까지 지게 되었다. 이에 먼저 성공했던 친한 친구 주윤발을 찾아가 돈을 빌려달라고 했으나, 단칼에 거절당하고 말았다. 오랜 친구의 냉대에 충격을 받은 오맹달은 독기를 품으며 영화 오디션에 참여했고, 마침내 〈천장지구〉에 출연해 그해 홍콩영화제 남우조연대상을 타며 재기에 성공했다. 오맹달은 시상식 자리에서 축하 인사를 건네는 주윤발을 차갑게 무시했으나, 이내 뒤풀이 자리에서 한 친구에게 진실을 듣게 된다. "도박 중독자가 된 자네를 영화 제작진에게 적극 추천한 게 바로 주윤발이야." 주윤발은 오맹달이 진심으로 정신을 차리게 하기 위해, 일종의 충격 요법으로 냉대를 하고 뒤로 그를 도왔던 것이다. 결국 오맹달은 눈물을 흘리며 주윤발을 찾아갔고, 둘은 다시 우정을 회복했다.[12]

이 이야기 속 주윤발처럼, **역화를 사용하는 이유는 상대를 굴복시키기 위해서가 아니라, 그 힘을 자신이 원하는 방향으로 강화하는 데 쓰기 위해서다.** 이는 인간관계뿐 아니라, 우리 자신의 삶을 이끄는 데도 적용할 수 있다. 인간은 누구나 탄생부터 중력과 마찰력이라는 힘과 더불어 살아간다. 인생은 매 순간 어려움을 마주하고, 이를 극복하는 과정의 연속이다. 이때 장애물은 인간을 좌절시키기도 하지만, 잘만 활용하면 삶의 원동력으로 삼을 수도 있다.

고난을 견딘 사랑은 그 어떤 사랑보다 군건하고, 함께 전장을 누비며 쌓은 전우애는 어떠한 우정보다 깊다. 고난과 한계를 극복하기 위해 자신의 감정과 노력을 더 쏟아부었기 때문이다. 내가 나아가려는 방향을 가로막는 장애물을 만났는가? 축하한다. 당신은 역화의 기술을 통해, 그것을 오히려 더 성장하는 기회로 삼을 수 있다. 이제 그 원리를 좀 더 구체적으로 살펴보도록 하자.

역화의 원리

❖

"이 책은 당신이 읽기 조금 어려울 수도 있습니다.", "이 일은 아직 연차가 쌓이지 않은 분에게는 쉽지 않을 겁니다."

이처럼 자신의 능력을 한정짓는 말을 들으면 어떤 기분이 드는가? 순순히 인정하게 되는가, 오히려 반발심을 느끼며 얼른 성과를 내서 그 말이 틀렸다는 걸 반증하고 싶은가? 일반적으로 이런 식의 적당한 압력은 오히려 상승욕을 부추긴다. 물리학에서 '응력應力'은 물질 외부에서 힘이 가해졌을 때, 물질 내부에서 이에 대항해 작용하는 힘을 말한다. 역화란 이처럼 적절한 압박을 통해 생겨나는 반발력을 활용하는 것을 뜻한다.

역화의 방법은 크게 두 가지다. 첫째는 자극하는 것이며, 둘째는 무시하는 것이다. 앞서 언급했듯, 상대에게 의도적으로 한계를 그어 자극하는 말은 강한 행동을 유발하기 좋다. 제2차 세계대전을 이끈 영국의 총리 윈스턴 처칠은 "연은 순풍이 아니라 역풍에서 가장 높이 난다"라고 말했다. 마키아벨리 또한 "나쁘게 대할 것이라 믿었던 사람으로부터 도움을 받은 사람들은 그들의 은인에게 더욱 복종하게 된다"라며 역화의 힘을 강조했다.[13]

명절에 연을 날려본 경험이 있는 사람들도 역화의 원리를 잘 이해할 것이다. 연은 순풍이 아닌 역풍을 활용할 때 가장 높이 나는데, 그 이유는 역풍과 순풍이 싸우면서 강한 힘이 발생하기 때문이다. 이러한 역화의 원리를 머리에 새기면서, 우리가 원하는 것을 얻는 데 활용하자.

그러나 한 가지 유의할 점은 응력이 재료 고유의 한도에 도달하면 외력에 저항을 멈추고 파괴되고 만다는 것이다. 그렇기에 그 압박의 세기는 늘 적절해야 하고, 상대의 의지를 꺾지 않을 정도여야 한다. 따라서 상대와 신뢰가 어느 정도 쌓여 있을 때 그 진정한 효과가 발휘된다.

또한 우리는 무시나 침묵을 적절히 사용할 수도 있다. 사람은 누구나 타인이 자신의 목소리를 들어주기를 바라는데, 의도적으로 그의 말에 침묵하거나 무시하게 되면 그는 당연히 반발할 것이다. 중국 후한 말,『삼국지연의』의 주인공으로도 유명한 조조와 유비는 함께 여포를 공격해 그를 사로잡았다. 여포는 목숨을 구걸하면서, 자신이 조조의 오른팔이 된다면 천하통일도 어렵지 않다고 피력했다. 조조는 잠시 고민을 하다 유비에게 어떻게 하면 좋겠냐고 물었다. 유비는 여포에게 배신당한 적이 있어서 앙심을 품고 있었다. 하지만 유비는 그를 죽이라고 말하는 대신 침묵할 따름이었다. 조조가 다시 의견을 묻자, 그는 이렇게 답했다. "잠시 정원과 동탁의 일을 생각해보고 있었습니다."

정원과 동탁은 여포의 양아버지로, 여포가 배신해 죽였던 이들이었다. 결국 조조는 유비의 뜻대로 여포를 죽였다. 이처럼 우리는 자극과 도발로 상대를 흥분시켜 약점을 끌어낼 수도 있고, 침묵과 무시로 의도를 드러내지 않고서 상대의 행동을 이끌어낼 수도 있다.

손무는 다음과 같이 전술의 등급을 나누었다.

상병벌모上兵伐謀: **상책의 용병은 계략을 공격하는 것**

기차벌교其次伐交: **그다음은 상대의 주변을 끊어 고립시키는 것**

기차벌병其次伐兵: **그다음은 직접 공격해 이기는 것**

기하공성其下攻城: **가장 하책은 무리하게 성을 공격하는 것**

최선은 상대의 꾀를 역이용해 싸우지 않고 이기는 것이고, 차선은 상대를 고립시켜 항복을 유도하는 것이다. 최고의 전략가는 이처럼 상대를 직접 공격하는 행위를 오히려 수준 낮은 전략이라고 보았다. 우리가 쓰는 말도 마찬가지다. 직접 부딪치는 것보다 역화와 강화의 원리를 적절하게 사용하면 큰 손실 없이 고요하게 이길 수 있다.

도파민 체계

"야, 너는 하루 종일 인스타그램만 보고 있냐?"

어느 날, 친구의 한마디를 듣고 정신이 번쩍 들었다. 내가 그랬다고? 그냥 심심할 때 잠깐씩 사용한다고 생각했는데, 사실 꽤 오랫동안 휴대폰만 붙들고 있었던 것이다. 도파민의 영향으로 나도 모르는 사이에 뇌가 중독에 빠진 것이다.

도파민은 우리에게 불만족을 유발해 끊임없이 새로운 자극, 다른 무언가를 욕망하게 만드는 호르몬이다. 주로 상황을 예측 가능할 때가 아니라, 오히려 다음 상황을 예측할 수 없을 때 활발하게 분비된다. 도대체 이런 호르몬이 왜 필요했던 걸까? 바로 우리 삶의 불확실성 때문이다. 원시 수렵 사회에서 우리 선조들이 사냥에 성공할 확률은 20퍼센트 정도밖에 되지 않았다. 다섯 번에 네 번은 실패하고, 심지어 그 과정에서 다치거나 목숨까지 잃을 수 있다면, 차라리 포기하고 과일이나 씨앗을 줍는 게 낫지 않았을까? 하지만 그랬다면, 인류는 지금처럼 문명을 발전시킬 수 없었을 것이다.

도파민은 인류의 모험심과 불만족을 자극해, 낮은 확률에도 목숨을 걸고 끊임없이 도전할 수 있도록 만들었다. 그래서 인류는 계속 성장하며 후손을 이어갈 수 있었다. 오늘날 이들의 피를 물려받은 우리는 식량 부족의 위협에서는 벗어났으나, 여전히 불확실성을 쫓는 성향만큼은 그대로 간직하고 있다. 그래서 주식, 게임, 도박, 넷플릭스 등 우리가 중독된 모든 것에는 예측 불가능성이 녹아 있다.

우리는 매매를 하지 않으면서도 실시간으로 변화하는 주식 차트를 매번 확인한다. 또, 게임 속 보상은 우리가 원하는 대로 주어지는 것이 아니라, 사냥을 많이 하든 적게 하든 확률적으로 주어진다. 이러한 예측 불가능성은 우리의 흥미를 떨어뜨리기는커녕 오히려 더 몰입하게 만드는 원동력이다. 넷플릭스 인기 드라마는 빤하게 흘러가지 않는다. 예측 불가능한 전개로 긴장감을 유발하고, 허를 찌르는 반전의 장치들을 심어둔다.

이러한 예측 불가능성이 극도로 발휘되는 것이 도박이다. 슬롯머신에 중독된 도박꾼들은 시간당 평균 6백 회나 휠을 돌린다고 한다. 슬롯머신은 거의 잭팟 직전까지 도달한 것처럼 보이게 하는 '니어 미스near miss'를 의도적으로 연출한다. 이용자의 도파민을 최대로 뽑아내기 위한 교묘한 장치다. 도박할 때 도파민이 가장 솟구치는 지점은 성공해서 칩을 따는 순간이 아니라 큰 베팅을 하기 직전이다. 우리는 그 순간, 자신이 가진 최대의 집중력을 발동시킨다.

우리의 도파민 체계가 파괴되면, 스스로 움직임을 통제할 수 없는 파킨슨병에 걸리게 된다. 이를 위한 치료법 중 하나가 도파민 촉진제를 복용하는 것인데, 여기에는 잘 알려지지 않은 부작용이 하나 있다. 바로 도박 중독이다. 의사이자 과학자인 대니얼 Z. 리버먼과 마이클 E. 롱은 흥미로운 사례 하나를 소개한다. 바로 2012년 파킨슨병 환자였던 호주인 이언에 관한 것이다. 그는 치료를 위해 도파민 촉진제를 복용하게 되는데, 이후 도박에 빠져 모든 자산을 탕진하고 만다. 평생 도박을 모르던 그는 이러한 이상 증세가 도파민 촉진제 때문이라는 것을 알고, 제약사인 화이자를 상대로 고소장을 제출했다. 도파민의 강력한 위력과 우리에게 끼칠 수 있는 악영향을 알려주는 사례다.[14]

그렇다면 도파민을 어떻게 다뤄야 할까? 이 호르몬 자극을 무조건 피하거나 억제해야만 할까? 당연히 아니다. 인간의 삶은 솟구치는 도파민을 어떤 방향으로 사용하는가에 따라 다양한 형태로 변화할 수 있다. 약자는 마치 동물처럼 이 호르몬에 휘둘려 충동적으로 살거나 무언가에 중독되어 인생을 망치기도 하지만, 강자는 이를 자기계발과 향상욕을 위해 생산적으로 사용한다. 전두엽을 가동하여 자신의 도파민이 불건전한 것들에 중독되는 것을 막고, 자신의 성장 방향을 예측 불가능한 미래를 위해 둔다. 이러한 건전한 자기계발에 중독될수록, 우리의 삶은 상승 곡선을 그리게 된다. 다시 말해 사회나 타인이 제공하는 일시적인 흥밋거리를 뒤적거리는 행위를 멈추고, 스스로 인생의 주인이 되어 자신만의 삶의 의미와 재미를 창출해내는 것이다.

또한 인간관계에서도 도파민을 적절하게 사용할 수 있다. 역사적으로 매력적인 사람들은 모두 상대의 도파민을 적절히 자극할 줄 알았다. 다시 말해 예측 불가능성을 매우 잘 활용했던 것이다.

중국 주나라에 포사라는 미녀가 있었다. 왕의 후궁으로 총애를 받으며 호화로운 생활을 누렸는데, 좀처럼 웃지를 않았다. 비단 찢는 소리를 들을 때만 살짝 미소를 지어서, 왕궁에 비단이 남아나지 않을 정도였다.

그러다 우연히 봉화대에 불이 붙는 사고가 발생했다. 봉화는 본래 외적이 침입했을 때 불을 피우는 것으로, 이를 본 제후들은 황급히 군대를 이끌고 왔다가 이내 사고라는 걸 알고는 허탈하게 돌아갔다. 포사는 이를 보고 깔깔거리며 웃었다. 사랑하는 이의 환한 웃음을 본 왕은 틈만 나면 봉화대에 불을 붙였다. 덕분에 왕은 포사의 웃음은 볼 수 있었지만, 진짜 외적이 쳐들어왔을 때 아무도 구하러 오지 않아 목숨을 잃고 나라도 망하고 말았다.

포사의 웃음은 불규칙적이었고, 이 점이 왕의 마음을 더욱 간절하게 만들었다. 그의 머릿속에는 온통 '어떻게 하면 포사를 웃게 만들까?' 하는 생각으로 가득 차게 되었고, 그 방법을 알게 되자 나라를 망치는 짓까지 서슴지 않았다. 포사는 자신의 매력을 적극적으로 어필하는 대신, 오히려 이를 숨김으로써 더욱 강력하게 만들었다. 일종의 '밀고 당기기',

즉 역화를 이용한 것이다.

인간관계에서도 이처럼 약간 까다롭게 굴면, 오히려 상대의 집중을 끌어낼 수 있다. 상대가 좋은 제안을 했을 때도 바로 받아들이지 않고, 약간 고민한 뒤 수락하는 게 좋다. 그래야 상대는 더 간절한 마음으로 최선을 다할 것이다. 정위조군靜爲躁君, 즉 고요함은 조급함을 다스리는 군주가 되어야 한다는 노자의 말처럼, 내 마음이 조급하지 않아야 상대와의 협상을 유리하게 이끌 수 있다. 조급한 사람은 목적하는 바를 이루기 위해 과도한 행동을 하고, 자신의 속내를 쉽게 내비친다. 그래서 유리한 고지를 잃고 만다.

일본의 유명한 검객이자 사상가 미야모토 무사시가 쓴 책으로, 미국 대통령 시어도어 루스벨트와 경영가 잭 웰치도 극찬했던 『오륜서』에는 다음과 같은 구절이 있다.

매사에 박자가 중요하다. 전투에 있어서 적의 박자를 살핀 후 상대가 예상치 못한 박자로 치고, 전략으로써 눈에 보이지 않는 박자를 발휘해 비로소 승리를 이끌어내야 한다.

상대를 내 편으로 만들고 싶거나, 상대를 꺾고 싶을 때 모두 도파민을 적절히 활용할 줄 알아야 한다. 예컨대, 칭찬으로 호감을 살 때도 변칙적인 박자로 할 필요가 있다. 누군가에게 매일 칭찬만 한다면, 처음에는 상대도 좋아하겠지만 이내 그 말의 가치가 떨어지고 말 것이다.

하지만 누군가 매일 잘못만 꼬집다가, 어느 날 갑자기 칭찬을 해준다면 어떨까? 그 변칙적인 말은 도파민이 원하는 바를 정조준할 것이다. 가치 상승 욕구를 채워주며, 흥분되고 기대하게 만든다. 이렇듯 도파민 자극과 강화와 역화의 힘을 적절하게 사용할 줄 알면, 능히 다른 사람을 내 편으로 만들 수 있다. 심지어 맞서 싸우는 적조차도 말이다.

공공의 적

나약한 사람들은 자신의 불행에 대해 말하기를 좋아한다. 가정 환경이 어떠한 영향을 끼쳤는지, 그 사람만 만나지 않았으면, 혹은 그 부서로 발령 나지 않았으면 인생이 얼마나 달라졌을지 후회하고 탄식한다. 하지만 가정 환경, 사람과의 만남, 인사 발령 등의 문제는 대체로 우리가 통제할 수 없는 것들이다. 그들은 만족스럽지 않은 현재 자신의 모습이 어찌할 수 없는 외부 요인에 의한 것임을 어필하며, 나에게는 잘못이 없다는 것을 말하고 싶은 것이다.

운이 없었다고 한탄하는 친구의 하소연도, 사주팔자를 원망하는 노모의 푸념도, 결국 자신이 운명을 이끄는 주체가 아니라, 그 거대한 수레바퀴에 의해 굴러가는 수동적 존재라는 점을 강조해 자신의 자의식을 보호하는 행위다. 많은 사람이 자기 인맥을 자랑하는 이유는 우월한 누군가와 연결시켜 자기 가치를 과장하는 것이고, 운이나 운명을 이야기하는 이유 또한 자신의 능력과 잠재력을 인정받기 위함이다. 이처럼 인간은 누구나, 심지어 약자조차도 언어를 통해 자신의 가치를 올리려고 한다.

우리가 인간관계를 맺을 때에는 사람들의 이런 심리를 항상 염두에 두어야 한다. 앞서 우리 인생이 목적은 '자신이 원하는 바를 유순하게 쟁취해 나가는 것'이라고 설명한 적 있다. 그렇다면 우리에게 중요한 건 최대한 많은 사람을 내 편으로 만드는 일이다. 그러기 위해서는 적절한 강화와 역화로 상대의 도파민을 적절히 자극하고, 노력을 유도하고, 환심을 살 필요가 있다.

만약 상대를 힘과 논리로 꺾으며 "다른 핑계 대지 마. 네가 틀렸어"라고 말하면 어떻게 될까? 설령 그것이 아무리 날카롭고 정확한 지적일지라도, 그가 내 편이 되지는 않을 것이다. 그건 당장 싸우자는 선전포고와 같다. 만약 누군가를 비난해야겠다면, 적어도 그를 온전히 굴복시키겠다는 뚜렷한 목표를 갖고 모든 준비를 마쳤을 때 해라. 그런 것이 아니라면, 손쉬운 비난은 거두는 것이 좋다. 과도하거나 잦은 비난은 많은 적을 만들고, 아무리 잘나가고 성공을 해도 사람들의 선망과 존경이 아닌 르상티망(질투, 시기심)을 자극하게 된다. 그러다 보면 결국 화를 입는 건 자신이다.

스위스 국제경영개발대학원의 교수 장 프랑수아 만조니와 장 루이 바르수는 조직 내 타인의 시선과 개인 능률의 상관관계를 연구했다. 그들은 상사와 부하의 관계를 연구하던 중 아무리 일을 잘하는 직원도 상사로부터 일을 못한다는 의심을 받는 순간, 실제로 무능해지는 현상을 발견했다. 흥미를 느낀 그들은 그 뒤로 무려 15년간 3천여 명의 사업가를 만나며, 본격적으로 직원을 무능하게 만드는 방법을 탐구하기 시작했다.

마침내 도달한 결론은 이것이었다. 먼저 우연히 직원의 작은 실수를 포착한 상사가 직원의 능력을 의심하고, 그로 인해 직원의 자존감과 업무 의욕이 감퇴된다. 결국 상사는 직원에 대한 감독을 강화하고, 이에 반감을 품은 직원은 상사에게 더욱 반항한다. 이런 악순환의 결과, 그 직원은 더더욱 예의 없고 무능한 사람으로 낙인찍히는 악순환의 고리에 빠지게 되고, 결국 실제로도 업무 능력을 상실하고 만다. 자신의 신념과 일치하는 정보만 받아들이는 편향이 꽤 유능한 직원을 단숨에 무능한 직원으로 전락시킨 것이다.[15]

공자는 "군자는 남의 좋은 점은 충분히 발휘되도록 해주고, 남의 나쁜 점은 발휘되지 않도록 해준다"라고 말했다. 거듭 말하지만, 우리에게 중요한 것은 원하는 바를 유순하게 이루는 것이지, 적을 만들거나 무능한 부하와 싸우는 것이 아니다. 설령 직원이 무능하더라도, 아예 그를 빠르게 제거할 생각이 아니라면 결국 피해를 입는 것은 관리자다. 이럴 때 강자는 책임을 그에게 묻는 것이 아니라 외부로 돌린다. 먼저 상대에게 적합한 칭찬을 해 환심을 사고, 현재의 문제점을 살짝 지적해 동기 부여를 끌어내는 것이다.

예를 들어, 부하 직원의 업무 효율이 떨어지고 마음의 갈피를 잡지 못하고 있다면 이렇게 말한다. "평소 상황을 넓게 보고 평정심을 잘 유지하는 모습이 대단하다고 생각했다. 그런데 최근에는 네가 감당할 수 없는 어떤 일이 생겼는지, 네 장점이 잘 발휘되지 못해서 걱정이 된다."

이런 말을 들은 상대는 자신의 장점을 생각하게 될 것이다. 사람들은 누구나 궁극적으로 자신의 가치 상승을 원하기에, 그는 차분함을 잃은 원인을 해명한 뒤 자신에 대한 기대감을 충족시키기 위해 최선을 다하게 된다.

동료들에게 공격적인 말로 조직의 분위기를 해치는 이가 있다면 어떻게 해야 할까? 그럴 땐 이렇게 말할 수 있을 것이다. "예전에 네가 부사수의 잘못도 덮고 위로해주는 걸 본 적이 있어. 근데 최근 네 말투는 조금 날카로워진 것 같아서 걱정된다. 지금 맡고 있는 프로젝트 업무가 과중돼서 그런 것 같은데, 혹시 힘든 일이 있다면 도와줄게."

여기서 중요한 점은 **상대의 잘못된 행동에 대한 책임을 그에게 직접 묻지 않는 것이다.** 어디까지나 '감당할 수 없는 어떤 일', '과중한 업무' 등 외부 요인에 책임을 전가하라. 이 같은 말들은 부정적인 결과의 책임을 외부에 돌림으로써, 좋은 사람, 유능한 사람처럼 보이고 싶은 상대의 향상욕을 꺾지 않는다. 대신 원래 좋은 사람인 당신을 방해한 외부의 무언가에 대해 언급하며, 공공의 적을 마주하는 아군의 자세를 취한다. 강자는 주변인의 됨됨이를 직접적으로 고치려하지 않는다. 그보다는 그 사람의 좋은 면을 강조해 자신과 상대 모두에게 이익이 되도록 한다.

"요즘 왜 이렇게 일이 엉망이야?", "말투가 왜 그래? 왜 이렇게 분란을 조장해?"라는 식으로 상대를 직접 비난하고 인간성을 정조준하는 말들은 상대에게 심리적 타격을 가하고 가치를 깎는다. 당장은 위압적인 말에 잠시 수그릴 수 있지만, 그들의 진심을 끌어내지는 못한다. 오히려 빈틈을 엿보다 은밀한 보복을 가할 가능성이 크다.

강자의 언어

강자의 품격

중국 후한 말, 삼국시대의 판도를 좌우한 중요한 전투 중 하나가 관도대전이다. 조조와 원소가 관도에서 정면승부를 벌인 것인데, 이때 출병을 앞둔 원소에게 참모 전풍이 간언을 올렸다. "지금 조조군은 서주를 격파해 사기가 하늘을 찌릅니다. 가볍게 대적할 상대가 아니니, 좀 더 때를 기다리다가 그들이 느슨해지는 틈을 타 움직이십시오."

그러나 원소는 그의 말을 듣지 않았고, 전풍이 거듭 간언하자 오히려 화를 내며 옥에 가두어버렸다. 결국 출정을 감행한 원소가 참패하자, 옥리가 전풍에게 다가가서 말했다.

"축하드립니다. 원소 장군이 이번에 패했으니, 다시 공을 쓰지 않겠습니까?" 하지만 전풍은 씁쓸한 표정으로 말했다. "나는 이제 죽을 것이다. 장군은 겉으로는 너그럽지만, 안으로는 시기심이 가득하다. 만약 이번에 이겼다면 기뻐서라도 나를 살려주겠지만, 패했으니 수치스러운 마음에 나를 살려두겠는가?" 그 말대로 원소는 전풍을 죽였다. 원소가 전풍을 거부하고 죽이기까지 했던 이유는 무엇일까? 조조의 참모 순욱은 전풍을 이렇게 평가한 적이 있었다. "강인하지만 윗사람을 거스른다."

인간은 자기 자의식의 수호자다. 누구나 일인칭 주인공 시점으로 살아가기 때문이다. 따라서 인간에게는 자신의 가치를 떨어뜨리는 것에 맞서려는 본능이 있다. 자신을 힘으로 억누르는 세상과 타인을 가해자로, 자신을 피해자로 인식하는 것이다. 이런 관념은 여간해선 깨지지 않는다. 인간은 늘 자신이 오해받고 있으며, 평가 절하된다고 생각한다. 자신에겐 세상이, 타인이 바라보는 것보다 더 많은 가능성이 있다고 생각하며 살아가는 것이다. '내가 무조건 옳다'는 것이 우리 뇌에 잠재되어 있는 기본 값이다. 그래서 대부분의 인간은 자신을 돌아보고 성찰하는 성숙한 자의식의 단계로 진화하지 못한다. 따라서 우리는 이러한 본능을 스스로 경계하면서, 동시에 잘 활용할 수 있어야 한다.

　강자는 사회에 대해서도 인간에 대해서도 현실적이고 냉철한 태도를 취한다. 그에게는 허황한 판타지가 없다. 사람은 누구나 착한 사람처럼 보이고자 하지만, 동시에 자기 손해를 감수하면서까지 타인을 편들어주지 않는다는 것을 안다. 따라서 맹목적인 온정을 기대하지 않는다. 또한 주변인의 됨됨이를 일일이 고치려 하기보다는, 그 사람의 좋은 면을 살리고 좋지 않은 면모에 해를 입지 않도록 유의한다. 사람은 쉽게 바뀌지 않으며, 누군가에게 교정당한다는 느낌이 드는 순간 대부분 수치심과 분노를 느낀다는 것을 알고 있기 때문이다. 하지만 그렇다고 해서 자기 곁에 믿을 만한 사람이 없다거나 인복이 없다는 식의 비관론에 빠지지도 않는다. 그저 현실의 상황에서 최선의 행동을 하며, 타인이 아닌 자신을 개선하는 데 힘쓴다.

　어느 날, 공자의 제자인 자공이 스승에게 물었다. "저희가 평생을 지켜나갈 한마디가 있겠습니까?" 공자가 답했다. "자기가 원하지 않는 것을 남에게 시키지 않는 것이다." 성경에도 비슷한 구절이 있다. "남이 너희에게 해주기를 바라는 그대로, 너희도 남에게 해주어라."

이들이 한목소리로 강조하는 것은 자기중심성을 탈피하라는 것이다. 자기 입장과 타인의 입장을 바꿔서 생각해보고, 문제가 생길 땐 자기 자신을 점검함으로써 우리는 자기중심성을 벗어날 수 있다.

"모든 것이 최악입니다. 난 지쳤습니다. 더 이상 버틸 수 없어요. 이것만이 나의 탈출구입니다. 당신의 사랑은 내 분수에 넘쳤지만, 난 실패자예요. 정말 미안하지만, 이것만이 내게 남겨진 유일한 길입니다."[16] 미국 경제 대공황 시기에 공매도로 무려 2조 원을 벌어들인 개인투자자 제시 리버모어는 불과 10년 후 맨해튼의 한 호텔에서 위와 같은 유서를 남기고 목숨을 끊는다. 비록 몇 번의 파산을 거쳤지만, 어디까지나 전략적 파산이었고 여전히 상당한 재산이 남아 있었다. 그러나 객관적 현실과 상관없이, 인간은 스스로 무능하고 가치 없다고 생각하는 순간 스스로를 파괴하고 만다.

이러한 진실을 잘 이해하는 강자는 자신을 성찰하되 과도한 자기 비하에 빠지지 않고, 좋은 사람이고자 하는 타인의 본능도 함부로 깨지 않는다. 전혀 본받을 것이 없는 어떤 선배가 자기 경험을 이야기하며 내 어깨에 손을 얹는다고 구태여 과장되게 어깨를 털 필요는 없다. 또한 누군가 자신이 좋은 사람임을 과시하면, 그냥 그 사람의 그런 면모를 칭찬해줘라. 다른 사람을 칭찬하고 존중하는 데에는 값을 지불하지 않아도 된다. 그것들은 다 나에게 복리로 쌓인다. 전부는 아니겠지만, 누군가는 진정으로 내가 힘들 때 내 가치의 지지선이 되어주고 손을 건네줄 것이다.

강자는 공감에 능하다. 상대의 말을 경청하고, 짧은 문장으로 명확하게 공감해준다. 타인의 미움을 쉽게 사지 않아 불필요한 적을 만들지 않는다. 강자는 자신의 유머 감각을 과시하기 위해, 혹은 자신을 뽐내기 위해 타인을 깔보지 않는다. 타인의 방어기제를 공격하지 않으며, 무익한 대화를 지양한다. 자신이 소화할 수 없을 정도로 타인을 챙기느라 시간을 좀 먹지 않으며, 습관적으로 감정을 토로하는 사람들에게서 자신의 기분을 지킬 줄도 안다. 이를 통해 충분히 확보된 시간과 감정의 여유를 자기 자신을 돌보는 데, 그리고 원활하게 소통할 만한 상대와 집중적이고 단단한 관계를 맺는 데 쓴다.

강자도 외로움을 느끼는가? 당연히 그렇다. 하지만 그에게는 혼자 시간을 온건하게 보낼 수 있는 고독력 또한 있다.

단기적 갈증으로 사람을 만나지 않기에 '을의 관계'에 놓이지 않는다. 누군가를 만날지 만나지 않을지, 관계의 주도권은 강자가 쥐고 있다. 이와 같은 관계에 대한 거시적인 시각과 여유, 통찰은 전부 강자의 품격이 된다. 그리고 그 품격은 인생의 효율을 올린다.

강자의 품격은 표정에서 드러난다. 표정 연기를 하라는 뜻이 아니다. 표정을 통제하는 가장 확실한 방법은 정말 진심으로 그렇게 생각하는 것이다. 그래서 강자의 시선은 늘 타인의 단점이 아닌 강점을 바라본다. 타인에게 내가 보지 못한 다른 능력이 있을 것이라 생각하고, 내 입장이 언제나 정답이 될 수 없다는 것도 인정하면, 그런 배려 깊은 생각들은 표정을 통해 온전히 타인에게 전달되게 되어 있다. 타인을 수용하는 태도와 담대함, 여유는 오롯이 그 사람의 에너지가 되고 인상으로 드러난다. 강자의 품격 있는 표정은 백 마디의 논리적인 말이나 감성적인 호소보다도 힘이 있다. 그것이 강자의 아비투스다.

우리가 현재 어떠한 상황에 처해 있든 과거에 어떤 삶을 살아왔든, **우리는 각자의 영역에서 강자가 될 수 있는 씨앗을 품고 있다.** 그 씨앗은 다른 누구의 것이 아닌, 바로 나만의 것이다.

진정한 강자는 인생이란 여정을 자신만의 씨앗을 발아시키기 위해 애쓰는 존재다. 당연히 당신도 해낼 수 있다. 지금부터 그 구체적 방법들을 살펴보자.

Chapter 5

강화의 기술

조언과 감사를 활용하라

더 나은 사람이 되는 걸 돕지 못하는 철학은 가치가 없으며, 단지 말로써 말을 비판하는 것에 불과하다.

철학자 니체는 위와 같이 말했다. 참으로 옳은 말이다. 삶을 변화시키지 못하는 지식이란 결국 얄팍한 유희나 허영에 불과하다. 그렇기에 이번 장에서는 강자가 대화에 나설 때 사용하는 쓸모 있는 기술들을 살펴보려 한다.

우선, 강자는 조언을 두려워하지 않는다. 우리는 조언을 구할 때, 도울 수 있는 능력이 있는 사람을 찾아간다. 따라서 모든 강자에게는 스승, 멘토가 있었다. 워런 버핏은 선배 투자가이자 경제학자인 벤저민 그레이엄에게 조언을 구했고, 손정의는 일본 맥도날드 설립자 후지타 덴을 찾아가 세계적인 기업가가 되기 위해 뭘 배워야 하는지 물었다. 우리보다 앞서 압도적인 경험을 쌓아온 이들에게 듣는 지식의 가치는 굳이 말로 설명할 필요도 없다.

이런 거인들의 거창한 조언이 아니더라도, 우리는 일상에서도 다양한 조언을 들으며 살아간다. 친구에게 좋은 커피 원두가 뭔지 묻고, 동료 직원에게 연인과 갈만한 데이트 코스를 묻고, 부하 직원에게 참신한 회식 메뉴를 추천받는다. 이와 같은 조언들에는 수직관계의 논리가 배제되어 있다. 그저 '이 분야는 그가 잘 아니까' 정도의 가벼운 생각으로 어렵지 않게 조언을 구한다. 그럼에도 묻는 행위 자체에는 내가 상대의 가치를 존중하고 능력을 인정한다는 전제가 깔려 있다. 그렇기에 조언을 요청받는 사람은 더없는 뿌듯함을 느끼게 된다. 자신의 가치가 인정받았기 때문이다.

무겁지 않은 가벼운 조언의 교류는 관계의 친밀감을 높이는 윤활유 역할을 한다. 재력이나 권력을 자랑하는 것과는 다르다. 그런 종류의 노골적인 자랑은 상대를 초라하게 만들어 시기와 질투를 사기 쉽다. 그러나 지식이나 센스는 누구나 큰 부담없이 손쉽게 꺼낼 수 있다. 친해지고 싶은 상대에게 손 내밀 때, 그것들을 사용해보라. 부담 갖지 말고 조언을 구하라. 상대에게 단체 회식 자리에서 호탕하게 지갑을 꺼내는 기분을, 돈을 쓰지 않고도 느낄 수 있게 하는 것이다. 그런 행동은 상대에게 큰 기쁨을 줄 수 있다.

또한 강자는 조언을 들은 뒤에는 꼭 감사를 표한다. 상대가 당신을 좋은 사람으로 인지하고 있다는 사실을 각인시키는 것이다. 그렇게 하면 상대는 '쟤가 왜 저러지?'하고 의문스러워하는 게 아니라, 반대로 '음, 좋은 사람이군'하고 우리에게 감정적 투자를 시작할 것이다. 사람은 누구나 좋은 사람으로 평가받고 싶어 한다. 우리가 누군가를 호의적으로 바라보면, 그는 그 이미지를 지키기 위해 우리에게 호의를 베풀게 된다. 자신의 이미지를 지키는 것이 곧 자기 가치를 지키는 것이기 때문이다. 상대로 하여금 우리에게 좋은 사람으로 보이게끔 애쓰게 만들라. 이렇게 하면 상대와 안정적이고 장기적인 관계를 맺을 수 있다.

이처럼 조언을 구하고 감사를 표하는 것은 강화 전략 중에서도 가장 쉽게 활용할 수 있는 전략이다. 어떤 상황에서든 이질감 없이 쓸 수 있고, 친하지 않은 상대에게도 쓸 수 있기 때문이다. 상대의 친밀감을 단시간에 획득할 수 있는 조언 구하기 기술의 절차는 다음과 같다.

1. 짧은 답변으로 해결할 수 있는 질문을 한다

상대와 아직 친해지지 않은 단계에서 중요한 것은 심각하지 않은 질문을 건네는 것이다. 예를 들어, 진로 상담이나 연애 상담, 정치나 종교 문제 등 말이 길어질 수 있거나 상대가 부담을 느낄 만한 질문을 피해야 한다. 서로 웃으면서 자기 견해를 짧게 말할 수 있는 가벼운 농도의 질문이 좋다.

느닷없이 진지한 질문을 물어보면, 상대는 호감을 느끼기는커녕 우리를 자기 인생 고민도 스스로 해결하지 못하는 약자로 볼 것이다. 그러니 식사 메뉴나 데이트 코스를 묻는 정도가 적절하다. 상대가 부담 없이 온전한 기쁨을 누릴 수 있는, 우리가 쉽게 쓸 수 있는 질문의 예는 아래와 같다.

- 혹시 주말에 애인과 갈 만한 데이트코스가 있을까요?
- 다음 주가 어머니 생신인데, 어떻게 챙기면 좋을까요?
- 직장 동기 결혼식에 보통 축의금을 얼마 정도 넣나요?

- 체력 부담 없이 할 만한 취미가 있을까요?

- 요즘 재밌게 읽은 책이나 영화 중에 추천할 만한 게 있으실까요?

위와 같은 가벼운 질문들은 친하지 않은 상대에게도 편안하게 물어볼 수 있다. 즉, 관계의 물꼬를 트거나 관계를 단단히 다질 때 모두 요긴하게 쓰일 수 있다. 위와 같은 질문들로 우선 관계의 온도를 덥혀보라.

2. 며칠 뒤 감사 표시를 한다

두 번째 단계는 조언에 대한 감사를 표하는 것이다. 이 단계의 핵심은 질문을 한 당일에 감사를 표현하는 게 아니라 며칠 묵혀두는 것이다. 그 편이 상대방의 도파민을 더 자극할 수 있고, 다음 세트의 대화를 이어갈 명분을 제공해주기 때문이다. 할리우드 블록버스터 영화의 멋지고 화려한 폭발 장면도 두 시간 내내 이어지면 지루하고 감흥을 느끼지 못하게 된이다. 또한 주인공이 싸우는 족족 손쉽게 승리를 거둔다면, 그의 모험에 대한 흥미는 당연히 줄어들 것이다. 인간은 본디 긴장감을 즐기고 예상치 못한 보상을 오래 기억한다. 사흘의 공백이 발생하는 동안, 상대는 '내가 추천한 책이나 영화를 잘 봤으려나', '데이트를 잘 다녀왔을까'하는 호기심도 마음 한편에 가지게 된다. 상상하게 되는 것이다. 앞에서 살펴보았듯, 상상은 기대와 집중을 유발한다. 우리는 때론 깃털이 달린 낚싯대를 고양이에게 이리저리 흔드는 집사처럼 행동할 필요가 있다.

이 단계의 핵심 역시 담백하게 표현하는 것이다. 책이나 영화, 맛집을 추천해주는 정도의 일은 극진한 감사를 받을 일은 아니다. 따라서 그 수준에 맞는 감사를 표하는 것이 좋다. 이를테면 "책 재밌게 잘 읽었어요. 너무 좋았고 감동을 받았습니다"라고 말하거나, 동료들의 커피를 사러 가는 길에 은근슬쩍 그의 것도 챙기는 식이다. 너무 지나친 보상은 오히려 상대의 부담을 가중시키고, '나한테 뭔가 바라는 게 있나?' 하는 의심을 불러일으킨다.

3. 좀 더 깊은 조언을 구한다

감사 표시를 받은 상대는 이제 '좋은 사람'의 외투를 걸쳤다. 우리가 자신을 호의적으로 바라본다는 것을 아는 시점에서, 그에게 좋은 사람이 될 기회를 한 번 더 제공하자. 우리가 상대를 호의적으로 바라보고 있다는 걸 확실하게 인식시

키는 것이다. 이 단계에서는 질문의 농도를 심화시킬 필요가
있다. 첫 단계에서는 피해야 했던 질문들, 예컨대 "요즘 애인
하고 싸웠는데, 어떻게 풀어야 할까요?", "추천해주신 책이
정말 좋았는데, 뭘 느꼈는지 명쾌하게 설명하는 게 힘드네요.
당신은 어떻게 보셨나요?"라는 식이다. 깊어진 고민을 받아
든 상대는 뿌듯한 마음으로, 자신에게 조언을 구하는 이에게
자신의 지혜를 전할 것이다.

4. 친하게 교류한다

상대가 바라는 것은 자신의 가치가 상승했다는 기분이다.
우리는 조언을 구함으로써 상대에게 이 기분을 선물할 수 있
고, 그의 호감을 얻을 수 있다. 그렇기에 여기서 또 한 번의
감사 표시가 필요하다. '이 사람은 나의 호의를 진심으로 고
마워하는구나'라는 인상을 주고, 상대의 무의식에 이 사람은
내가 원하는 보상(가치 인정)을 안정적으로 제공할 사람이라
는 신뢰를 심어주는 것이다. 이런 신뢰는 짧은 시간 내에 관
계를 비약적으로 발전시킨다. 분위기가 무르익었다면 커피
를 마시거나 식사 약속을 잡는 것도 좋다. 상대가 친해지고
싶다는 의사를 표면적으로 드러냈다면 대화 시간이 충분한

저녁 식사 약속을 잡는 것이 좋고, 아직 그 정도는 아니라면 점심 식사나 커피 약속도 좋다. 이런 약속을 잡는 목적 또한 노골적이지 않게 상대의 가치를 올려주는 데 있다.

인간은 누구나 자기 인생의 통제권을 쥐길 원한다. 누군가가 자신을 조종한다는 느낌을 좋아하는 사람은 거의 없을 것이다. 대부분은 자유를 박탈당하는 걸 극단적으로 싫어한다. 이 말은 곧 자신을 꼭두각시 인형처럼 조종하려 드는 사람을 적으로 간주한다는 뜻이며, 반대로 자신을 좀 더 자유롭게 만들어주는 이를 같은 편으로 간주한다는 뜻이다.

앞서 우리는 "자기가 원하지 않는 것을 남에게 시키지 말라", "남이 너희에게 해주기를 바라는 그대로, 너희도 남에게 해주어라"라는 문장을 읽었다. 이와 똑같다. 남에게 존경을 받는 강자가 되고 싶다면, 남에게 그런 대접을 해주어라. 누군가에게 목적을 가지고 가식적으로 친해지려고 하는 것이 아니라, 진심으로 존경하는 마음을 가져라. 좋은 사람에게 기쁨을 주고 그와 친해지는 일은 다른 이익을 생각하지 않아도 실로 기쁜 일이다.

초보 기획자는 성과에 대한 자부심을 드러내지만, 중급

기획자는 자부심을 의도적으로 숨긴다. 그리고 고수는 자신이 기획을 했다는 사실 자체를 망각하며 무의식의 힘을 빌려 자연스럽게 원하는 바를 이뤄낸다.

영리하게 칭찬하라

약자의 칭찬과 강자의 칭찬은 다르다. 약자는 기본적으로 스스로가 불안해서 타인을 칭찬한다. 그들은 상대와의 관계를 안정적으로 풀어나갈 자신이 없다. 또한 우월한 상대에겐 쉽게 위축감을 느낀다. 그래서 일단 먼저 칭찬하고 보는 것이다. 자신이 뱉은 칭찬에 상대가 호의적인 반응을 보이고 나서야 안심을 한다. 그들의 모습은 마치 관심과 먹이를 달라고 조르는 강아지와 비슷하다. 내 칭찬에 상대가 반응하지 않을 경우, 조급해진 마음에 더 과장된 칭찬을 하게 된다. 이런 모습은 아첨꾼처럼 비굴한 인상을 준다.

그러나 강자의 칭찬은 다르다. 그들은 상대를 인정하고 있다는 의사를 전하기 위해 칭찬한다. 그렇기에 칭찬을 남발하지 않는다. 그들의 칭찬은 허들과 같다. 아무나 인정하지 않기에, 주변인들은 그 허들을 넘기 위해 도움닫기를 한 후 있는 힘껏 뛰어오른다. 그리고 허들을 뛰어넘는 데 성공한 상대는 마침내 인정받았다는 쾌감을 느낀다. 허들이 거의 땅바닥에 붙어 있다면, 그걸 넘는다고 쾌감을 느끼지는 않을 것이다. 그래서 우리는 적정한 높이의 허들을 설치할 필요가 있다. 상대에게 그걸 넘는 기쁨을 선물하려면 말이다.

꼭 상급자만이 하급자를 칭찬할 수 있는 건 아니다. 대학에서 한국사 교양 수업을 듣는다고 가정하자. 학생은 학기가 끝날 때까지 기다렸다가 수업 말미에 "오랫동안 역사에 흥미를 붙이지 못했는데, 선생님의 알찬 강의를 듣고 제 뿌리에 대해 생각해볼 수 있었습니다. 살아가는 데 도움이 될 많은 깨우침도 얻었습니다. 감사합니다"라고 말할 수 있다. 이처럼 우리는 겸손하게 칭찬할 수 있는 것이다. 학생의 말에 교수는 내색하지 않아도 하루 종일 붕뜬 기분을 느낄 것이다. "좋은 칭찬 한 마디에 두 달은 살 수 있다"는 작가 마크 트웨인의 말처럼, 진심을 담은 칭찬의 여운은 길게 이어진다. 이로써 우리는 그에게 더할 나위 없는 자부심을 선물할 수 있다. 칭찬은 웃어른이나 리더에게도, 동료나 식당 아주머니에게도 선물할 수 있는 마음의 명약이다.

'의식의 흐름Stream of Consciousness'이라는 말을 처음 사용한 미국의 심리학자 윌리엄 제임스는 이렇게 말했다. "인간은 칭찬을 받으려고 살아가는 동물이다. 모든 사람의 가장 큰 욕구는 칭찬받는 것이다. 대부분의 사람들은 칭찬의 물방울을 기다리는 마른 스펀지와 같다." 정신분석학의 창시자 지그문트 프로이트도 "사람이란 공격에는 저항할 수 있지만, 칭찬에는 모두 무기력하다"라고 말했다. 진심이 담긴 칭찬은 우리의 마음이 가장 좋아하는 음식이다.

노예 해방을 이룩한 미국의 대통령 에이브러햄 링컨이 저격을 당했을 때, 그의 호주머니에는 낡은 신문 조각이 들어 있었다고 한다. 바로 '링컨이 역대 최고의 대통령'이라는 내용 아래 빨간색 밑줄이 그어진 신문 조각이었다.[17] 강력한 신념을 지닌 링컨도 누군가의 인정이 필요했던 것이다.

평범한 사람이든 역사적 위인이든, 인간은 누구나 칭찬과 관심을 원한다. 우리가 어떠한 상황에서라도 이질감 없이 사용할 수 있으면서도, 그 파급력이 큰 칭찬의 유형에는 다음

세 가지가 있다.

1. 특별함 인정

다이아몬드의 어원은 '정복할 수 없다'는 뜻의 그리스어 '아다마스Adamas'에서 유래됐다. 그 말의 어원처럼, 다이아몬드는 우리가 쉽게 가질 수 없다. 단지 비싸서가 아니라, 실제로 다이아몬드 1캐럿을 얻기 위해서는 250톤의 자갈과 바위를 캐야만 한다. 정복할 수 없는 희소성을 지녔기에, 어떠한 광물보다 귀하게 여겨지는 것이다. 만약 다이아몬드가 길바닥에 널브러져 있다면 어떨까? 지금처럼 귀한 보석으로 대하지 않았을 것이다.

이렇듯 상품의 가치는 희소성에 의해 결정된다. 그래서 사람들은 자신의 가치를 높이기 위해 습관적으로 자신이 특별하다고 말하고, 또 특별해지기 위해 노력한다. 우리가 할 일은 그들을 특별하게 대하며 환심을 사는 것이다. '당신은 남들과 다르게 이런 부분에서 대단한 것 같다'는 말을 들으면 대다수의 사람은 기쁨을 감추지 못할 것이다. 그렇게 인정제공자로서의 지위가 공고해지면, 상대는 더욱 자신의 특별함을 증명하기 위해 애쓰기 마련이다. 우리는 그때마다 감탄해주면 된다. 상대의 특별함을 칭찬하는 문장은 "보통 사람들은 이러이러한데, 당신은 이런 면에서 그들과 다르고 특별합니다"라는 형식을 띤다. 의도적으로 보통 사람들과 그와의 거리를 벌려주는 것이다. 쉽게 사용할 수 있는 예시들은 아래와 같다.

- 보통 사람은 그런 상황에서 평정심을 유지하는 게 힘들었을 텐데 당신은 정말 의연하네요.
- 내가 같은 상황이었다면, 너처럼 소신을 지키지 못했을 텐데. 정말 대단하네.
- 그런 상황에서 긍정적으로 생각하는 게 쉽지 않았을 텐데 많이 배웁니다.
- 일에 대한 윤리의식이 없는 사람이 요즘 많은데, 당신 같은 분은 참 오랜만입니다.
- 창의력과 실무능력 둘 중 하나만 갖기도 어려운데, 당신은 둘 다 보유하고 있네요.

2. 통찰 인정

지식과 지혜를 자랑하는 것은 자신의 가치를 높이기 위

한 인간의 본능이다. 우리는 상대의 견해를 간편히 수용함으로써, 그와의 유대감을 획득할 수 있다. 철학자 아르투어 쇼펜하우어는 인간에게 지적 능력보다 자랑스러운 것은 없다고 말했다. 인간은 자기 능력을 높게 평가해 상대적 우월성을 확보하려 한다. 권력과 재력은 확보하기도 어렵지만, 자랑하는 것은 더욱 까다롭다. 질투와 시샘을 사기 때문이다. 그래서 인간이 가장 쉽게 주머니에서 내놓는 것이 바로 자신의 통찰이다. 수많은 저술가가 책을 통해 통찰을 내놓는 이유 또한 타인에게 인정을 받아 자신의 가치를 높이기 위함이다. 인간은 자신의 통찰을 타인이 받아들이기를 간절하게 바란다.

통찰이란 말은 본질을 꿰뚫는 넓은 시야라는 뜻이다. 사실 누군가 탁월한 안목과 넓은 시야를 가졌다면, 스스로 더 좋은 의사결정을 하는 데 쓰면 그만이지 왜 굳이 입 밖으로 꺼내는가? 중요한 집단 의사결정에 보탬이 되거나 타인에게 인정받기 위해서일 것인데, 사실 전자보다는 후자의 비율이 압도적으로 높다.

물론 통찰을 수용하는 과정에도 부작용은 있다. 상대의 말이 너무 길어질 때나, 그들의 자신감이 지나치게 강화될

때가 그렇다. 그러나 그 자신감이 우리에 대한 과도한 지배
욕으로 바뀌지 않는다면, 우리가 잃을 것은 없다. 그저 진심
으로 그의 통찰을 칭찬하고 인정해주되, 말만 적당한 선에서
끊으면 된다. 인정은 수익성이 꽤 높은 전략이다. 우리는 그
저 한 문장만 말하면 된다. "정말 그런 것 같아요." "듣고 보
니 그렇네요."

타인이 자신의 가치를 존중받기 위해 내놓는 통찰의 근거
가 빈약할 수도, 사실과 거리가 멀 수도 있다. 그러나 이를 구
태여 지적하며 상대의 기분을 해칠 필요는 없다. 남이 기뻐
하고 그 기쁨이 나에게 도움이 된다면, 우리가 소화하지 못
할 통찰은 없다.

3. 현재 인정

많은 사람이 과거를 후회하고 부끄러워하며, 현재의 자신
은 그보다 나아졌다고 생각한다. '과거의 허물을 벗는다'라
는 표현도 있다. 자신의 실수나 부끄러움에서 깨끗하게 탈피
하고 싶은 것이다. 인간은 본래 끊임없이 불만족스러운 생명
체이고, 불만족을 배출할 표적을 영원히 찾아 헤맨다. 그리고
불만족이라는 안경을 쓰고 과거와 미래를 바라본다. 현재를

이토록 불만족스럽게 만든 과거를 후회하거나, 과거보다 나아진 현재의 모습을 상기하며 스스로를 달래고, 자신의 잠재력과 가능성에 대해 이야기한다. 현재는 불만족스럽지만 미래는 나아질 것이라 생각하면서 밝은 미래를 향해 달려 나가기도 한다.

앞선 '특별함 인정'과 '통찰 인정'은 현재에서 미래를 내다보는 칭찬이다. 당신이 성장 잠재력과 지적 가능성이 충분한 사람이라고 말해주기 때문이다. 그러나 당신이 이미 과거보다 발전했다고 말하며 마음의 위안을 주는 칭찬도 있다.

여기서 주의해야 할 점은 그 과거는 언급하지 않고 현재의 모습에 대해서만 이야기하는 것이다. 과거를 커튼 뒤로 은밀히 숨긴다고 할까. 문장에는 분명 과거가 전제되어 있지만, 그 과거가 커튼 밖으로는 나오지 않게끔 문장을 세공하는 것이다. 이를테면 "당신 옛날에는 옷을 못 입었는데, 스타일이 많이 좋아졌네요"라고 말하기보다 "요즘 스타일리쉬한데요? 컬러감도 좋구요. 비결이 있어요?"라고 말하는 식이다. 또 "살을 도대체 전보다 얼마나 빼신 거예요?"라기보다 "얼굴이 갸름해서 더욱 멋져 보이네요"라고 말하는 것이다. 현재를 칭찬하는 것은 당연히 좋지만, 과거를 언급하는 말은 자칫 그의 방어기제를 건드릴 수 있기 때문이다.

공자는 "이미 이루어진 일은 논란으로 삼지 말고, 끝난 일은 따지지 말며, 이미 지나간 일은 허물하지 말라"라고 말했다. 자기 과거에 대해 너무 강한 자부심을 느끼는 게 아니면, 또 과거 무용담만을 자신의 가치 상승 수단으로 삼는 경우가 아니면, 구태여 불만족스러운 과거를 거론해 상대를 불편하게 만들 이유가 있겠는가?

우리가 상대의 과거를 적극적으로 들출 때는 그야말로 상대의 자의식에 타격을 가하기 위한 전면전을 벌일 때뿐이다. 그러므로 적이 아닌, 우리의 동료가 될 수 있는 상대의 허물은 덮어주자. 현재 모습만을 칭찬해 과거를 자연히 커튼 뒤로 숨기고 만족감만 안겨주자.

억울함을 풀어줘라

사람은 누구나 자기 삶에 대한 통제권을 갈망한다. 그래서 혼자 운동하다 다리를 다치면 화가 나지 않지만, 누군가의 잘못으로 발을 헛디뎌 다리를 다치게 되면 크게 원망하게 된다. 타인의 실수로 화를 입었기 때문이다. 이처럼 외부 요인에 의해 자신의 자유가 침해되거나 가치가 깎인다고 느낄 때 우리는 억울함을 느낀다.

우리가 가장 많이 억울함을 느끼는 상황을 생각해보자. 내가 저지른 실수가 아닌데 상사가 나를 책망할 때, 내가 하지도 않은 일에 대한 헛소문으로 사람들의 오해를 살 때 등이다. 여기서 요점은 내가 아닌 외부 요인이 가치를 낮추었다는 사실이다. 인간은 자신이 저지른 실수로 가치가 깎일 때는 후회하거나 변명하지, 억울해하지는 않는다. 실제로 잘못을 타인이 저질렀거나, 혹은 그렇다고 착각할 때 억울한 감정을 표현한다.

억울함은 다른 모든 감정을 흡수할 만큼 굉장히 강력한 힘을 가지고 있다. 오죽하면 귀신이나 악령까지도 억울함을 호소하겠는가? 그렇기에 타인의 억울함의 일부만 해소해줘도, 우리는 그와 빠르게 친해질 수 있다. 단언컨대 억울함에 차 있는 상대는 가장 친해지기 쉽다. 대부분의 인간은 자신을 과대평가한다. 타인은 나를 '도토리'로 보지만, 자신은 스스로를 도토리 속에 있는 '참나무'의 모습으로 바라보기 때문이다. 즉, 타인은 나를 현재가치로 바라보고 자신은 스스로를 미래가치를 기준으로 바라본다.

이러한 과대평가를 잠재력 발전에 쓸 수 있다면 좋겠지만, 어찌되었든 인간은 자신을 과대평가할수록 그리고 현재가 보잘 것 없을수록 더 자주 억울함을 느낀다. 그들은 스스로 능력이 부족한 게 아니라, 단지 운이 없었다고 생각한다. 자신은 능력이 있지만 사회적 여건과 상황, 타이밍이 따라주지 않아서 세상이 자신의 진가를 알아보지 못한다고 생각한다. 그들은 그렇게 자의식을 보호한다.

어떤 이는 자신보다 업무 능력이 떨어지는 동료가 먼저 승진할 때 굉장히 억울해한다. 동료는 비록 업무 능력은 보통 수준이나, 커뮤니케이션이나 처세 혹은 또 다른 능력이 뛰어난 사람일수도 있다. 평가는 다면적이기 때문이다. 그럼에도 업무 능력이 제일 중요하다 여기며, 내 자의식을 보호한다.

가치에는 명확한 기준에 의거한 절대가치와 타인과의 비교에 의해 결정되는 상대가치가 있다. 둘 중에선 어느 한 쪽만이 우월한 게 아니라, 둘 다 중요하다. 하지만 우리는 스스로 절대가치로 삼은 기준에 따라 타인을 평가한다. 그 기준에 의해 무능하거나 결점이 있는 누군가가 찬사를 받으면 견딜 수 없어 한다. 자신의 평가 기준이 옳다는 걸 증명하기 위해, 그에 대한 찬사가 잘못됐다고 주변에 알리거나, 그의 무능함과 결점을 증명하려 한다. 억울함을 느끼는 것이다.

그러나 세계는 복잡하다. 내가 생각하는 절대가치는 다른 누군가에게는 상대가치일 수 있다. 또한 세상은 단순한 몇 가지 기준으로 평가할 수도 없다. 명예와 부, 아름다운 연인 등 세상의 과실은 꼭 유능하고 훌륭한 이들에게 분배되지 않는다. 그럼에도 인간은 공평을 지향한다. 공정하고 평등한 기준이 갖춰져야, 자신이 성장 잠재력을 발휘한 미래에 자기 가치를 온전히 인정받을 수 있다고 생각하기 때문이다.

그래서 우리는 동료의 승진에 낙담하는 이에게 한마디로 위로할 수 있다. "이번에는 진짜 운이 나빴네." 구태여 승진을 한 다른 동료를 낮추며 분란을 일으키지 않으면서도, 간단히 그의 영혼에 안식을 줄 수 있다. 그의 가치 상승을 가로막는 운, 혹은 시스템의 존재를 그저 인정해주는 것이다. 주의할 것은 그 대상이 사람이 되면 안 된다는 점이다. 별다른 의도 없이 한 말일지라도 바람에 여기저기 날아다니다가 자칫 엉뚱한 곳에 떨어질 수도 있기 때문이다. 우리는 그저 중립적인 태도를 지키면서, 너는 정말 뛰어난 사람인데 상황이 좋지 않았다는 식으로 말해주면 된다. 그 말 한마디에도 상대는 크나큰 마음의 위안을 얻게 된다. 당연히 그런 위로를 건네는 사람을 더없이 친밀하게 느낄 것이다. 서로가 같은 장애물에 맞서는 아군이라 인식하기 때문이다.

공자는 "군자는 일의 원인을 자기에게서 찾고, 소인은 남에게서 원인을 찾는다"라고 말했다. 하지만 우리가 살면서 마주하는 대다수의 사람은 군자보다는 소인에 가깝다. 그렇기에 스스로에게는 엄격하되 타인에게는 관용을 베풀 수 있어야 한다. 자신의 능력을 막는 장애물이 있다고 생각하는 그들의 생각에 공감해주면서 용기를 건네는 것이다. 그런 생각을 한다고 비겁하거나 무능한 것이 아니다. 그저 평범한 것이다. 그들을 비겁하다고 여기는 순간, 그 마음은 표정에 드러날 것이고, 자연히 상대와 멀어지게 된다. 나를 지지해줄 아군을 하나 잃게 되는 것이다.

정말 그 사람을 진심으로 아껴 변화하기를 바란다면, 먼저 장애물의 존재를 인정해주자. **그리고 되도록 짧게 조언을 건네자.** 그래야만 그들은 그 조언을 수용한다. 공자는 이렇게 말한다.

군자는 한 사람이 모든 능력을 갖추고 있기를 바라지 않는다.

-『논어』, 「미자」

대다수의 사람들은 나약하고 때때로 비겁하고 무능하다. 그게 당연하다면 굳이 그들의 그런 부정적인 면모를 들추어 모멸감을 줄 이유가 있는가? 아군이 될 수 있는 사람을 적으로 돌리는 것만큼 어리석은 일은 없다. 자신의 비범함을 감추고 타인의 평범함을 끌어안는 것이 진정한 강자의 길이다. 주자는 이렇게 말한다. "베어내자니 풀 아닌 게 없지만, 두고 보자니 모두가 꽃이다."

Chapter 6

역화의 기술

한계를 자극하라

인간의 가치 상승 열망은 자존심과도 직결된다. 따라서 누군가 우리의 자존심을 짓밟거나 압박을 가하면, 그것이 억눌리는 게 아니라 오히려 곱절로 반발하게 된다. 역화가 작용하는 것이다.

인간은 자존심을 압박받으면 크게 네 가지 반응을 보인다. 첫째, 자신을 증명하기 위해 노력한다. 둘째, 자신이 그런 사람이 아니라고 해명한다. 셋째, 제약을 가하는 상대를 공격한다. 넷째, 상황 자체를 회피한다. 이들 가운데 궁극적으로 자신에게 해가 되는 셋째와 넷째 반응을 피하고, 첫째와 둘째 반응을 유도하는 것이 올바른 역화의 활용법이다. 상대를 더 노력하게 만들고, 해명을 유도함으로써 상대를 교정하는 것이다.

여기서 주의할 점은 압박의 강도가 지나치게 강해서는 안 된다는 점이다. 자극받은 자존심은 불과 같이 거세게 피어오르기에, 언제나 조심스럽게 다뤄야 한다. 반발하는 힘의 방향을 읽지 못하거나 그 화력을 통제할 수 없다면, 오히려 쓰지 않는 것만 못하다. 지금부터는 유익하면서도 상대적으로 안전한 역화의 기술을 살펴보겠다.

인간은 본래 장애물을 뛰어넘는 일에 최적화되어 있다. 태어나고, 성장하는 과정에서 세상에 맞서기도 하고 기여하기도 하는데, 그 모든 과정이 고난이고 고통이지만 동시에 성취와 행복을 주기 때문이다. 역사학자 아놀드 조셉 토인비는 인간의 역사가 외부의 도전과 그에 대한 응전으로 발전했다고 말한다.[18] 응전은 곧 장애물에 맞서는 것, 눈앞에 있는 도전을 수락하는 것을 말한다. 실제로 역사상 수많은 제국의 역사는 끝없는 도전과 응전, 성장과 확장, 패배와 몰락을 반복했다.

그들이 수많은 위험한 도전에 응전한 이유는 무엇일까?

바로 솟구치는 도파민 때문이다. 도파민은 현재를 불만족스럽다고 인식하고 허들을 뛰어넘게 부추긴다. 그러고 나면, 인생이 조금 더 나아질 거라 생각하게 한다. 여기서 적당한 어려움은 그들의 열망을 부추긴다. 그래서 인간은 극복하는 것을 매우 좋아한다. "우리 조직은 아무나 들어오는 곳이 아닙니다"라는 말을 들었을 때 그 조직에 더욱 몸담고 싶어지고, 사기 어려운 고가의 명품이나 자동차를 기어코 손에 넣으려 엄청나게 노력한다. 그것들을 손에 넣는 일이 어렵지 않았다면, 노력도 하지 않았을 것이다.

1. 이 일은 상당히 어렵다. (한계 제시)
2. 그러나 당신은 이 일을 할 수 있을 것 같다. (특별함 인정)

그래서 우리는 위의 두 문장의 조합만으로 상대에게 최대한의 노력을 끌어낼 수 있다. 당신이 만약 경영자이거나, 고위 직책에 있거나, 팀의 리더라면 이런 문장을 습관화하는 것이 중요하다. 이 두 문장은 강화 원리와 역화 원리가 동시에 들어가 있다. 한계 제시는 상대에게 도전하고 싶은 반발 심리를, 특별함을 인정하는 말에 자신을 증명하고픈 들끓는 욕망을 느끼게 된다. 단순히 업무를 지시하는 문장과 위 두 문장 간의 길이는 크게 차이나지 않는다. 그러나 들이는 품에 비해 효과는 월등하다. 후자의 말을 들을 때, 상대는 일시적으로 자신이 난세의 영웅, 내지는 소설 속 주인공처럼 느끼게 된다. 무엇보다 이를 극복하지 못했을 경우 애써 인정받은 자신의 가치가 깎인다고 생각하기에, 손실회피 성향이 발휘되어 그런 상황을 방어하기 위해 최선의 노력을 다하게 된다.

단언컨대, 인간의 인생 전반에 가장 큰 영향을 끼치는 욕망은 바로 자신이 '진짜'라는 증명욕이다. 수많은 사람이 자신의 가치를 증명하기 위해 살아간다. 작가 조지 오웰은 "책을 쓰는 것은 고통스럽고 기나긴 병치레 같아서 끔찍하고 기진맥진한 싸움이다. 저항할 수도 이해할 수도 없는 악마에게 사로잡히지 않는다면, 우리는 절대 쓰는 일은 시작하지도 않았을 것이다"라고 말했다. 그럼에도 그는 1933년 첫 작품 『파리와 런던의 밑바닥 생활』을 집필한 이후 『카탈로니아 찬가』, 『1984』 등 47세의 이른 나이에 갑작스런 각혈로 사망하기 전까지 매년 책을 써냈다.

필자도 마찬가지다. 물론 집필은 보람 있지만, 동시에 끔찍하고 고통스러운 과정이다. 글을 쓰는 내내 스트레스로 식욕도 떨어지고, 위궤양과 두통을 달고 산다. 그럼에도 계속해서 글을 쓰는 이유는 타인에게 인정받기 위해서다. 인간의 인정욕에는 블랙홀처럼 다른 모든 사소한 욕망을 집어삼키는 힘이 있다. 인간이 살아가는 가장 큰 목적 중 하나는 자신의 가치를 향상시키는 것이기 때문이다.

특히, 자본주의 세계에서 대부분의 성공은 이런 인정욕을 근간으로 이루어진다. "이 일은 어렵습니다. 그러나 당신을 할 수 있습니다." 이 두 문장보다 상대에게 동기를 부여하는, 그리고 업무 지시에 최적화된 말은 없다. 타인뿐 아니라 자기 자신에게도 똑같이 적용할 수 있는 말이다. 상대에게, 그리고 우리 자신에게 스스로 가치를 증명시킬 무대를 마련해 주는 것이다.

과학 기자이자 작가 조너선 와이너는 호박 보석 안에 보존되어 있는 곤충을 연구했다. 호박 보석 안에 수백만 년이나 갇혀 있던 곤충은 지금 살고 있는 종과 딱 한 가지가 달랐는데, 바로 다리를 떼버렸을 때 새로운 다리를 생성할 능력이 없었던 것이다. 곤충은 농약이 발명된 다음에야 농약으로 뒤덮인 식물을 건드려서 오염된 다리를 떼어버리고 새로운 다리를 생성하는 능력이 생겼다. 정확히 말하자면 살충제 사용이 시작된 제2차 세계대전 직후부터 이런 능력이 생기기 시작했다.[19] 결국 농약이라는 어려움이 있었기에, 곤충은 자신의 새로운 잠재력을 발견할 수 있었던 것이다. 이처럼 한계에 부닥칠 때 우리는 자신도 미처 몰랐던 잠재력을 발견할 수 있다.

우리는 무대를 꾸미는 연출 감독이 될 필요가 있다. 나 그리고 다른 누군가가 본인의 가치를 최대한 끌어올릴 수 있도록 조력하는 것이다. 그렇다면 왜 굳이 자신의 성장에 그치지 않고, 타인의 성장까지 도와야 하는가? 타인의 가치를 끌어올리고, 그것을 자신의 이익과도 합치시킬 수 있는 유연함이 강자의 필수 덕목이기 때문이다. 누구든 혼자 해낼 수 있는 일에는 한계가 있으니까.

강자에게도 당연히 향상욕과 증명욕이 있다. 하지만 공자는 "군자는 그릇이 아니다"라고 했고, 노자 역시 "최선의 선은 물과도 같다"라고 했다. 물은 형태에 맞춰 자신을 유연하게 변화시킨다. 강자의 모습이 그러하다. 그는 자신의 욕심을 비워내고, 마치 물처럼 자유자재로 형체를 바꾸어 여러 사람의 잠재력을 한 곳에 뭉친다. 그리하여 한두 사람의 힘만으

로는 상상조차 할 수 없던, 거대한 격류를 만들어내 새로운
물꼬를 트고 지형 자체를 바꿔버린다.

강자의 언어

침묵을 활용하라

인간관계에서 상대에게 불필요한 자극을 행사해 자기 영향력을 넓히려는 사람들이 있다. 그들을 대하는 최선의 방법은 무엇일까? 어떻게 해야 그들의 오만함으로부터 나의 가치를 지킬 수 있을까? 가장 손쉬우면서 최선의 결과를 내는 방법이 있다. 바로 침묵이다.

유도나 합기도 같은 무술에서는 상대를 힘만으로 꺾지 않는다. 상대가 나를 향해 힘을 쏟게 만든 뒤, 그 힘을 이용해 손쉽게 상대를 넘어뜨린다. 대화에서도 마찬가지다. 상대의 무례한 말 몇 가지에 일일이 반응하지 말고 그냥 흘려보내면, 상대는 자기 말이 먹히지 않는다는 것을 느끼고 말을 줄이거나 목소리를 높이는 선택을 할 것이다. 그때 상대의 말을 멈추게 함으로써 무례함을 꾸짖을 수도 있고, 흥분해서 논리적 허점을 드러내는 상대를 쉽게 넘어뜨릴 수도 있다. "침묵은 자신의 재능을 보호해주는 훌륭한 방패다"라는 발타자르 그라시안의 말을 유념하자.

강자는 무례함에 무례함으로 맞서지 않는다. 그러면 상대는 자신의 무례함에 명분을 갖게 되기 때문이다. 그는 그 명분을 단단한 성처럼 삼아, 우리를 지속적으로 공격할 것이다. 일상적인 무례를 장착한 사람들은 자기 존재를 과시하는 것을 너무 좋아하기에, 침묵이 뜻하는 바를 누구보다 잘 알고 있다. 그래서 대응이 아니라 침묵과 무시가 그들에게 대처하는 가장 효율적인 무기가 된다.

무례한 말에는 반응하지 않고 그렇지 않은 말에 반응하다 보면, 상대는 내 기준을 파악하게 된다. 그리고 이내 그 기준에 길들여지게 된다. 관계의 주도권이 바뀌는 것이다. 여기서 중요한 점은 무례한 말을 무시하는 것만큼이나 상대의 친절한 말에 적극적으로 반응해주는 것이다. 그래야 상대는 보상받는다고 느끼고 빠른 시간 안에 언행을 교정하고자 한다.

상대가 자기 말이 먹히지 않는다는 것을 알고 목소리를 키울 때는 어떻게 해야 할까? 살다 보면 결코 바뀌지 않거나 심지어 점점 더 흑화하는 상대와 뜻하지 않게 마주하고 얽힐 때가 있다. 잘못된 방식으로 자기 존재를 뽐내려는 무례한 이들에게도 우리는 침묵으로 응징해야 한다. 의도적이고 미묘한 침묵을 지키고, 그가 흥분을 해도 놀라지 말자. 흥분은 감정 절제력이 부족함을 드러내는 일이자, 사회적으로 비난받는 행위다. 즉, 스스로 자기 가치를 낮추는 일이다. 게다가 그 이유가 그저 무례한 말에 침묵했기 때문이라면 모양새는 더욱 치졸해진다.

나는 분명 무례한 말에 답하지 않았을 뿐, 정상적인 질문에는 대답했다. 그렇기에 상대는 "내 말을 전부 무시했다"라고 말하지 못한다. 그렇다고 "쟤가 어떤 말에는 대답하고, 어떤 말은 무시하잖아"라기엔 치졸해 보여 어떤 이에게도 공감을 얻지 못할 것이다. 다수는 그저 "집중하느라 못 들었나보지"라고 답할 것이다. 사람은 입보다 눈이 예민하기에, 그의 무례한 캐릭터를 이미 파악한 사람들은 어떤 상황에서 벌어진 일인지 그 맥락을 속으로 이해하고 있을 것이다.

만약 당신이 강자의 언어자본을 길러서 사람들의 마음을

사로잡으며 꾸준히 좋은 평판까지 쌓아왔다면, 이미 판은 완전히 기울었다. 기울어진 판에서 그가 할 수 있는 일은 없다. 그는 점점 고립될 것이고, 속이 곪아 약해질 것이며, 기울어진 판에서 중심을 잡지 못해 휘청댈 것이다. 결국 스스로 자멸하게 된다.

우리는 앞에서 싸우지 않고 이기는 것, 이미 이겨놓고 싸우는 것이 상책이라는 것을 배웠다. 이처럼 분쟁 가능성이 있는 관계에서 최선의 방법은 별다른 출혈 없이 상대의 공격 의지를 꺾는 것이다. 백 번 싸워서 백 번 이기는 것이 아니라, 싸우지 않고도 적을 굴복시키는 것이 최상의 방법이다.

상대의 공격 의지를 꺾는 방법에는 포용하는 것, 침묵하는 것, 압도적인 힘과 권력으로 철저하게 제압하는 것, 이 세 가지가 있다. 그 중 최선은 포용하는 것이고, 최악은 제압하는 것이다. 포용은 쉽고 효율적인 방법이다. 게다가 덤으로 그릇이 넓은 사람이라는 평판까지 얻을 수 있다. 하지만 포용이 들질 않는 상대도 있다. 그런 이에게는 최악을 피하기 위한 차선책으로 침묵을 활용할 필요가 있다. 침묵의 힘은 상대에게 공격 의도를 드러내지 않는 데 있다. 명분은 우리에게 있기에, 상대는 쉽게 공격하지 못하고 굶주리게 된다.

말의 힘이나 권력 등으로 상대를 제압하는 일은 얼핏 멋진 승리처럼 보이지만, 필연적으로 출혈을 동반한다. 게다가 패배한 상대는 복수심까지 품게 된다. 여러모로 분쟁은 피할 수 있다면 피하는 것이 좋다. 쓸데없는 보복의 굴레에 빠져 감정과 에너지를 소모할 필요가 없다. 우리의 목표는 다른 곳에 있다. 그저 전투에서 몇 명 쓰러뜨린 것을 뽐내는 병사가 아니라, 먼 곳에서 승리를 바라보는 전략가가 되어야 한다. 그렇게 해야만 나의 소중한 감정과 시간을 지킬 수 있고, 자신을 지킬 수 있으며, 원하는 바도 이룰 수 있다.

> **전쟁이란 나라의 중대한 일이며, 죽음과 삶의 바탕이며, 존립과 패망의 길이니 살피지 않을 수 없다.**
>
> — 『손자병법』, 「시계」
>
> **군대가 주둔한 곳에 가시덤불이 자라고, 대군이 지나간 뒤에 반드시 흉년이 든다**
>
> — 『노자』, 「부도조이」

손자는 탁월한 전략가였지만, 결코 전쟁광이 아니었다. 오히려 전쟁이 초래할 참상을 알기에 불필요한 전쟁을 피하고, 피하지 못한 전쟁은 가급적 빠르고 확실하게 이길 것을 강조한다. 부득이하게 적의 대군과 맞서 싸우거나 단단히 성을 지키는 이들을 공격하면, 설령 승리하더라도 큰 피해를 입게 된다. 만에 하나 패하기라도 하면, 그야말로 재앙이 펼쳐진다. 이는 오늘날에도 여전히 유효한 가르침이다.

반대로 누군가 우리를 공격한다면 어떻게 해야 할까? 역시 되도록 싸움을 피하는 것이 좋다. 성처럼 단단한 내면의 평온을 유지한다면, 아무리 큰 악의를 가진 상대라도 자신의 공격이 쉽게 통하지 않는다는 것을 알고 대개는 지쳐 나가떨어질 것이다. '고요함은 조급함을 다스리는 군주'라는 노자의 말을 늘 되새겨라. 고요한 강과는 그 누구도 싸우려 하지 않을 것이니, 항상 강과 같은 넓고 고요한 마음을 가지려 노력하라.

말을 해야 할 때 말을 하지 않으면 사람을 잃고, 말하지 않아야 할 때 말하면 말을 잃는다. 지혜로운 사람은 사람을 잃지도 않고 말을 잃지도 않는다.

－『논어』, 「위령공」

말의 소중함을 아는 사람은 때를 안다. 그렇기에 그들은 자신의 때가 찾아오지 않았을 때 침묵을 유지하여 말의 힘을 낭비하지 않는다. 이런 자세를 인간관계에 적용하면, 우리의 의견을 받아들이고 숙고할 자세가 안 된 사람들에겐 구태여 말을 낭비하지 않아야 한다. 그저 그가 준비될 때까지 멀리서 지켜보며 기다려라. 그 기다림이 너무 길어지고 개선의 여지가 보이지 않는다면, 충고할 생각을 버리고 잠시 곁을 떠나자. 준비가 안 된 이에게는 충고해봤자 통하지 않을뿐더러, 도리어 화를 입거나 원망을 듣게 될 뿐이다.

또한, 침묵을 통해 우리가 키울 수 있는 능력은 내면의 침착함이다. 타인에게 무언가를 제안할 때, 그 답변을 기다리는 것이 두려워 초조해하거나 불필요한 말을 덧붙인 경험이 있을 것이다. 그리고 그런 경험은 대부분 쓰라린 실패로 남는다. 최선을 다해서 제안을 건넸다면, 차분하게 침묵으로 기다려라. 오히려 제안을 거절당해도 괜찮다는 마음의 준비가 되어 있으면 더 좋다. 거짓이 없는 자연스러운 냉담함은 상대에게 오히려 매력적으로 비친다. 그에게 상상의 여지를 제공하고, 제안을 건넨 우리에 대해 호기심을 키워나갈 충분한 시간을 제공하라.

이처럼 능동적으로 침묵의 힘을 사용할 줄 알면, 말의 힘은 더욱 세진다. 침묵과 말이 조화를 이루면, 관계는 건강해지고 설득력은 높아진다. 때에 따라 힘을 더하고 빼면서, 가급적 유순하게 우리가 원하는 목표들을 이뤄나가자. 그것이 곧 삶의 지혜이고, 우리가 모두 추구하고 완성해야 할 각자의 도道이다. 우리에겐 그걸 이룰 만한 충분한 잠재력이 있다. 삶의 도반道伴으로서, 서로를 묵묵하지만 따뜻하게 응원해주자.

애정을 담아 걱정하라

누군가의 마음을 얻고 싶다면 어떻게 해야 할까? 사람은 자기 가치를 알아보고 응원해주는 이에게 마음을 내준다. 그리고 누군가 자기 진가를 알아본다고 느끼면, 기꺼이 그를 위해 수고를 무릅쓰고 자기 능력을 보여주려 한다. 반대로 누군가가 그 판단에 대해 의심하거나, 다소의 우려를 표현한다면, 그들은 말과 행동으로 안심시키려 할 것이다.

예시를 하나 들어보자. 훈련장에 열심히 공을 던지고 있는 프로야구 선수와 그의 진가를 알아보고 발탁한 코치가 대화하고 있다. A와 B 대화 중에서, 선수는 어느 쪽 대화에 더

동기부여가 잘 될까?

A)

코치: 일찍 나와서 연습하고 있었어?

선수: 네.

코치: 지금 정도로 만족하면 안 돼. 더 열심히 최선을 다해서 연습하란 말이야. 알겠어?

선수: 네. 그렇게 하겠습니다.

B)

코치: 일찍 나와서 연습하고 있었어?

선수: 네.

코치: 사람들은 자네를 보고 구종이 단순하다 말하는데, 난 우직하지만 힘 있는 자네 공이 좋아. 아직 어리니까 구종은 차차 늘리면 되지. 다만 자네가 위축되고 조급한 마음을 가질까 그게 걱정이야.

선수: 아닙니다. 열심히 하겠습니다.

코치: 내 욕심이지만, 늦어도 좋으니 언젠가 자네의 체인지업을 경기장에서 보는 날이 오겠지. 지금처럼만 열심히 해줘.

당연히 B의 대화일 것이다. 이유는 바로 B의 대화에서, 선수는 코치가 자신을 걱정하는 마음을 알아챌 수 있기 때문이다. 여기서 걱정의 본 목적은 상대의 기량과 기세가 꺾이는 걸 방지하기 위함이다. 어디까지나 상대가 잘되기를 바라는 마음에서, 즉 애정을 담아서 걱정하는 것이다. 동시에 이런 걱정에는 우려하는 마음도 일부 담겨 있다. 상대의 잠재력은 믿지만, 아직 그 능력을 온전히 신뢰하고 있지 않다는 것을 드러내는 표현이기도 하다.

그래서 걱정은 서로 어느 정도 신뢰 관계가 형성되어 있을 때 더 효과적이다. 아직 신뢰 관계가 형성되지 않은 상태에서 걱정하게 되면, 자칫 반발심만 살 수 있다. 그래서 걱정할 때는 먼저 애정을 충분히 가지고 있음을 보여주고("난 우직하지만 힘 있는 자네 공이 좋아"), 구체적인 걱정의 포인트를 말해주며("자네가 위축되고 조급한 마음을 가질까 그게 걱정이야"), 그럼에도 여전히 잠재력과 노력을 믿고 있다는 걸 표현해야 한다("언젠가 자네의 체인지업을 경기장에서 보는 날이 오겠지. 지금처럼만 열심히 해줘").

진정으로 애정을 가진 상대로부터 위와 같은 걱정의 말을 듣게 되면, 누구라도 실망시키고 싶지 않을 것이다. 최선을 다해서 노력함으로써 걱정을 불식시키고, 최선의 결과를 보여주고 싶어 한다. 다시 말해, 증명욕을 발휘하게 되는 것이다.

반대로 애정이 없거나 잘 전달되지 않은 걱정은 오히려 부정적인 효과만 살 수 있다. "언젠가 너 그러다 큰 코 다친다"라는 식의 걱정은 걱정이 아니라 비방에 가깝다. 상대의 잠재력과 품성을 불신하고, 자신의 열등감만 드러내는 것이다. 많은 사람은 타인에 대한 애정 없이, 그의 성취에 자신이 위축될 것을 우려해 걱정하는 척을 한다. 남을 위하는 척, 위선의 가면을 쓴 채로 남을 비난하는 것이다. **애정 없는 걱정은 상대가 아닌 자신을 위한 것에 불과하다.** 애정 없이 자신의 가치를 불신하고 깎아내리는 말을 들어봤자, 기분만 상할 뿐 딱히 동기 부여가 된다거나 호감이 생길 리 없다. 오히려 강한 반발을 사서 역공을 당할 수도 있다.

걱정이 제대로 효과를 발휘하려면 상대의 기량을 충분히 인정해주고, 그 기량이 더욱 잘 발현되기를 바라는 마음이 있어야 한다. 예를 들어, 부서를 옮기게 된 직원에게는 이런 식으로 말해주면 좋다. "넌 워낙 능력도 좋고 적응력이 있으니까 어딜 가든 잘 해낼 거야. 이번에 가게 될 신사업팀은 회사에서 기대하는 바가 크니까 평정심 잃지 않게 유의하고. 힘든 일 있으면 편하게 이야기해." 이런 말을 들은 상대는 충고와 걱정에 감사함을 느끼고, 해당 부서에서 잘 지내는 모습을 보여, 상대의 걱정을 덜고자 할 것이다.

우리는 상대의 강점을 인정하고 잠재력을 끌어올리기 위해 걱정을 표현해야 한다. 인정과 칭찬 없이 일방적으로 불신한다면 상대는 모욕당했다고 느낄 것이다. 그렇기에 우리는 불필요한 걱정은 삼가고, 우리와 좋은 관계를 맺고 있고 진정으로 잘 되길 바라는 소수에게만 걱정을 표현해야 한다. 마음속에 그를 인정하는 마음이 있어야 상대도 그 진정성을 느끼게 된다. 반대로 나의 기세를 꺾고 위축시켜 관계의 우위에 서고자 하는 마음에서 나오는 타인의 걱정은 담아둘 필요가 없다. 그저 흘려보내면 그만이다.

Chapter 7

욕망의 기술

3가지 근원적 욕망

솟구치는 도파민은 우리에게 불만족을 선물했다. 그래서 우리는 무언가 항상 부족하다고 느끼고, 마음속 빈자리를 다른 무언가로 채우려 한다. 계속 새로운 욕망을 추구하는 행위가 곧 인간이란 종의 본질이다. 길을 오가는 무수한 사람들, 창밖 너머 보이는 군중 모두가 눈동자 안에 자신만의 욕망을 품고 살아간다.

물이 절반 담겨 있는 컵을 보고 '물이 절반밖에 남지 않았다니!' 하는 생각이 든다고, 특별히 부정적인 사람인 게 아니다. 절반의 물만으로 충만한 만족을 느꼈다면, 그 물을 더 채우기 위해 노력하지도 않을 것이다. 그러나 컵에 물이 '절반밖에 차 있지 않다'고 느낀 사람들은 나머지를 채우기 위해 노력한다. 그렇게 우리는 더 높은 자리에 올라가기를, 특별하고 위대해지기를, 삶의 많은 문제를 해결하기를 바라고 또 갈망한다. 탄생과 죽음 사이의 기나긴 시간 동안, 밑 빠진 독을 끊임없이 채우기 위해 애쓴다.

인간의 뇌에는 기본적으로 이 함수가 입력되어 있다. 낮은 것은 부족하고, 작은 것도 부족하며, 텅 빈 것도 부족하다. 부족하면 불만족스럽다. 그래서 낮은 것을 높이고, 작은 것을 크게 만들고, 빈 곳을 채움으로써 만족을 추구한다. 상승, 팽창, 균형. 이것이 우리가 원하는 것이며, 평생토록 추구하는 욕망들이다.

1. 상승 욕망

그리스 신화에서 뛰어난 발명가였던 다이달로스는 미노스 왕의 미움을 사서 아들 이카루스와 함께 자신이 만든 미궁에 갇히고 만다. 그들은 탈출하기 위해 날마다 새의 깃털을 모았고, 이내 하늘을 날 수 있는 큰 날개를 만들었다. 다이달로스는 하늘을 날기 전 아들에게 신신당부한다. "너무 멀리 날면 안 된다. 태양열에 밀납이 녹아버리고 말 게야." 하지만 하늘을 나는 기분에 심취했던 이카루스는 더 높이 날아서 태양에 가까이 다가가려다, 마침내 밀랍이 녹아서 지상으로 떨어져 죽고 말았다.

이 신화는 인간의 향상욕이 얼마나 통제하기 어려운지 말해준다. 우리는 온갖 고난을 기꺼이 맞으며, 심지어 죽음의 위험을 무릅쓰고서라도 더 높이 올라가려 한다. 올림픽에 참가하는 운동선수들이 4년간 식단을 조절하고 땀을 흘리는 이유는 월계관을 쓰고 메달을 따기 위해서고, 직장인들이 야근과 주말 근무까지 하며 성과를 내려는 이유는 빠르게 승진하기 위해서다.

이처럼 수직적인 상승 욕망을 가진 이들은 자신과 결부된 모든 숫자를 높이고자 한다. 기록을 갱신하고, 연봉을 높이고, 재산을 축적하고, 자신이 중시하는 기준 안에서 가급적 더 높은 위치로 상승하고자 하는 것이다. 이들은 꾸역꾸역 각자의 피라미드를 오르는 데서 삶의 보람을 느낀다. 사회의 많은 부분은 이처럼 수직 구조로 이루어져 있다. 인간은 어딘가로 올라가고, 과거보다 현재가, 현재보다 미래가 조금씩 더 나아지는 기분이 들 때 안정감을 느낀다. 향상욕에 따른 욕망의 구조가 인류의 눈부신 발전을 이룩한 기틀이 된 것이다. 이런 욕망을 거부하는 일은 그야말로 종교적 성인이나 가능할 정도로 몹시 어렵다.

2. 팽창 욕망

상승욕이 수직적이라면 팽창욕은 수평적이다. 이 욕망이 강한 이들은 새로운 영역을 개척해 자기 존재를 자랑하고, 많은 이에게 영향력을 확장하며, 사람들의 존경과 사랑을 받아서 자기 영향력 아래에 두고 싶어 한다. 한 분야에서 높은 위치에 오른 사람이, 또 다른 영역으로 자기 영향력을 팽창하길 원하기도 한다. 엄청난 부를 쌓거나, 높은 지위에 오른 이들이 강연을 하거나 책을 쓰며 타인의 존경까지 받고 싶어 하는 이유도 이 때문이다. 자기 존재의 영향력을 세계로 확장하고 싶기 때문이다.

이처럼 인간에게는 세상과 사물, 인간을 바라보는 자신만의 세계관을 전파하고자 하는 욕망이 있다. 이러한 욕망은 과거보다 오늘날 더더욱 쉽게 팽창할 수 있는 환경이 됐다. 인간의 팽창 욕구를 키우는 대표적인 도구가 바로 SNS다. SNS는 각자 고유성과 특별함을 손쉽게 자랑하게끔 하면서,

큰 마찰이나 저항 없이 영향력을 퍼뜨릴 수 있는 최적의 구조를 갖췄다. 사람들은 다른 이에게 자기 욕망을 쉽게 드러낼 수 있게 됐고, 또 다른 사람의 욕망도 쉽게 엿볼 수 있게 됐다.

3. 균형 욕망

동서양을 막론하고, 탁월한 철학자들은 모두 한쪽으로 치우치지 않는 중용의 덕을 가장 이상적인 가치로 여겼다. 균형을 중시하는 사람들은 이러한 전통적인 미덕의 수호자다. 그들에겐 정반합의 변증법, 소설의 기승전결, 삼권분립의 원칙 등 세상에 존재하는 모든 형식, 세계의 기본 원리가 힘과 힘 사이를 조율하고 균형을 맞추고자 하는 목적에서 탄생한 것이다.

아름다움은 이것들이 조화롭게 균형을 이룬 상태다. 대표적인 예로 황금비라는 말이 있다. 고대 서양화의 대부분은 1 대 0.6의 '황금 비율'이 사용되었는데, 우리가 아름답다고 인식하는 것들은 이렇게 균형과 비율이 잘 맞는 것들이다. (물론, 황금비와 아름다움의 상관관계에 대해서는 오늘날 여러 이견이 있다.) 소설이나 예술 작품도, 그리고 정치나 경제도 모두 마찬가지다.

이들에게 중요한 것은 상승이나 팽창, 어느 한 쪽에 치우치는 게 아니다. 그것들이 균형을 이루는 것이다. 이들은 마치 정원사의 마음가짐을 가지고 있다. 즉, 빈 곳이 있으면 채우고, 지나치게 튀어나온 곳이 있으면 길이를 맞추고, 모난 곳을 제거하면서 전체적인 균형을 맞추는 것이다. 이러한 과정을 통해 우리는 아름다운 정원을 가꾸듯 인생도 가꿀 수 있다.

상승, 팽창, 균형을 모두 갖춘 이는 향상욕을 건전하게 충족하며, 자기 삶을 멋지게 가꿀 수 있다. 동서양을 막론하고 진정한 강자로 많은 이에게 존경받았던 이들의 모습에는 공통점이 있다. 수신제가치국평천하修身齊家治國平天下, 즉 자기 자신을 돌보고 가정을 돌보며 나라를 다스리고 천하를 평정한다는 말처럼, 나의 향상욕에서 시작하여 가까운 타인, 나아가 국가와 세계에 이바지하는 것을 삶의 목표로 한 것이다.

우리는 보다 자신감 있게 삶이란 단상 위로 올라야 한다. 많은 사람의 박수를 받으며 저마다 가지고 있는 자신의 고유성을 뽐내고, 그런 자신의 재능을 발휘해 사회에 기여하는 것을 목표로 삼아야 한다. 그것이 가장 발전적이고 바람직한 삶의 형태다. 상승, 팽창, 균형이라는 인간의 세 가지 근원적인 욕망이 모두 집약되어 있기 때문이다.

왜 욕망을 이해해야 하는가

누구나 상승, 팽창, 균형, 이 세 욕망을 동시에 갖고 있다. 하지만 개인마다 또 인생의 순간마다 강하게 발현되는 욕망의 종류와 크기는 조금씩 다르다. 따라서 인간관계를 맺거나 일할 때 상대가 어떤 욕망을 가장 중시하는지 파악하는 건 몹시 중요하다. 그 도드라진 부분을 정확히 공략할 때, 그가 내 말에 귀를 기울일 것이기 때문이다.

예컨대, 상승 욕망이 강한 이들은 다른 이들을 압도하는 힘과 지배력을 갖는 데 관심이 많다. 그들은 정해진 체계를 지키고 그 안에서 높은 위치에 오름으로써 자기 영향력을 높이는 데 관심이 있다. 이들은 조직의 훌륭한 구성원으로서 대개 자신의 노력과 열망을 통해 우수한 성과들을 축적해왔다. 또한, 그렇게 쌓아온 성과를 자신의 자부심으로 삼는다.

한편, 팽창 욕망이 강한 사람은 자기만의 고유한 패턴을 드러내기를 원한다. 그에게 세계는 수직적이라기보다 수평적이다. 특정한 체계 안에서 높은 위치에 오르는 것보다는, 자신만의 뚜렷한 영역을 개척하는 편을 선호한다. 이들은 기존의 체계에 순응하기보다는, 새로운 체계를 만드는 데 더 관심이 있다.

마지막으로, 균형 욕망이 강한 사람은 되도록 자기 삶에서 큰 문제가 발생하지 않게끔 위험 인자를 제거하고, 당면한 문제들을 해결하는 데 주된 관심이 있다. 누군가의 유별난 면모나 세상의 모순조차 담담히 받아들이며, 자신이 속한 집단이나 조직, 가정을 평안하고 온화한 분위기로 만들고자 한다.

이러한 세 가지 근원 욕망은 사람마다도 다르지만, 한 사람 안에서도 세월의 흐름에 따라 변한다. 예컨대 상승에 대한 무구한 동경으로 자신이 속한 특정 체계 안에서 최고가 되기를 원했다가 좌절한 사람은 자신만의 새로운 영토를 찾아 떠날 수 있다. 또한, 그 과정에서 어떤 새로운 경험을 통해 사고관이 바뀌어서, 그저 현재에 만족하고 자신을 둘러싼 모든 것이 평온하기를 바라는 사람이 될 수도 있다.

나이키의 창업자 필 나이트는 어땠을까? 나이키의 창업자라고 하니, 평생 도전과 모험을 즐기는 타고난 사업가였을 거라 추측하기 쉽다. 하지만 젊은 시절의 그는 빠른 기록과 높은 순위를 꿈꿨던 육상 선수였다. 하지만 그에겐 문제가 있었으니, 타고난 재능이 부족했다. 꿈과 현실의 괴리에서 큰 실패를 맛봤지만, 그는 좌절하지 않았다. 오히려 세상 사람들의 평가나 손가락질에 신경 쓰지 말자고 다짐하며, 일본에서 만들어진 러닝화를 미국에 수입하는 사업을 기획했다.

1964년, 그는 가족의 만류에도 불구하고 무작정 일본으로 건너갔다. 그들은 아식스에게 거래를 제안했고, 그들의 신발 메이커 중 하나인 오니츠카 타이거 신발 2백 켤레를 사들였다. 그리고 제대로 된 상점도 없이 트럭에 신발을 싣고 다니며 제품을 판매했다. 이것이 오늘날 나이키 제국의 초석이 됐다.[20]

나이키를 오늘날 세계에서 가장 영향력 있는 스포츠용품 회사로 만든 뒤, 필은 일흔 중반의 나이에 경영 일선에서 물러났다. 그리고 여든이 훌쩍 넘은 지금까지 자기 고향 오리 건주를 위한 공헌 활동과 기부 활동에 주력하고 있다. 가족과 많은 시간을 보내며, 젊은 시절 배우고 싶었던 소설 창작 수업을 스탠포드 대학교에서 듣기도 했다.

그의 삶을 어떻게 정의할 수 있을까? 상승, 팽창, 균형, 어떤 가치관이 그의 삶에서 가장 중요한 것이었을까? 아마 어느 것 하나로만 규정할 수 없을 것이다. 탄생의 순간부터 수많은 고통과 아픔을 극복해야만 하는 인간의 삶은 절대 순탄하지 않다. 인생 앞에는 수없이 많은 장애물이 놓여 있으며, 그러한 장애물에 넘어지고 또 넘어서는 과정에서 우리의 기질은 계속해서 바뀐다. 중요한 것은 그러한 기질을 무조건 지키거나, 억지로 바꾸는 것이 아니다. 나이와 상황 등 여러 요소에 따라 변화하는 기질을 정확하게 인식하고, 그에 걸맞은 삶의 태도와 방법을 취하는 것이다.

✤

욕망의 활용법

✤

사람의 언어 능력에는 성장 단계가 있다. 첫 번째 단계에서는 향상욕을 채우기 위해 자신이 하고 싶은 말을 두서없이 내뱉는다. 두 번째 단계에서는 상대의 말을 듣는 법을 깨우치게 되고, 이어 세 번째 단계에서는 상대가 듣고 싶어 하는 말을 해주는 법을 알게 된다. 그리고 마지막 네 번째 단계에 이르러서야 상대의 성향을 파악하여 그가 듣고픈 말을 효과적으로 하는 동시에, 타인과 자신의 욕망 사이의 교집합을 찾아 모두가 이익을 얻는 법을 깨우친다.

우리는 평소 내면에 많은 욕망을 숨기고 살아간다. 사회의 질서를 깨지 말아야 한다는 압박과 좋은 사람이 되어야 한다는 의무감 때문이다. 평소에는 자신조차 미처 의식하지 못한 내밀한 욕망도 있다. 눈이 밝은 이들은 타인의 이러한 욕망을 찾아, 자기 욕망과의 교집합을 만든다. 이들이 탁월한 기획자가 된다. 그들은 존재하지 않던 새로운 상품이나 체계를 창조함으로써 세상을 바꾸고 사람들을 열광케 한다.

필 나이트는 자신의 전 육상코치인 빌 바워만에게 동업을 제안했다. 바워만은 남들에게 육상코치를 넘어 영적 스승으로 기억되기를 바라는 팽창 욕구가 강했다. 필은 이 사업이 오로지 당신만 할 수 있는 일이며 당신이 아니면 안 된다는 말로 그의 팽창 욕구를 부추겼다. 그렇게 제안을 수락한 바워만은 1971년 아내와 아침 식사를 하다가 와플 기계를 보고 영감을 받았다. 그렇게 태어난 것이 바로 와플 모양의 고무 밑창이 특징인, 나이키의 영원한 히트작인 코르테즈 시리즈였다. 바워만은 1972년 뮌헨 올림픽에 미국 육상팀 코치로 부임했는데, 자신의 신발을 선수들에게 신기며 나이키 제국의 밑그림을 완성했다.[21]

이처럼 나이키에 꼭 필요한 인재였던 바워만의 마음을 사기 위해, 필은 스승의 팽창 욕구를 강화하는 방법을 택했다.

만약 그가 바워만에게 경제적 유인만을 강조했다면 어땠을까? 어쩌면 오늘날의 나이키 제국은 없었을지도 모른다. 사람에 따라, 상황에 따라 적절한 유인책이 필요하다는 걸 보여주는 일화다.

> 나라에 도가 행해지고 있으면 지조 높은 말을 하고 지조 높게 행동해야 하지만, 나라에 도가 행해지고 있지 않으면 행동은 지조 높게 하되 말은 공손해야 한다,
>
> ─『논어』, 「헌문」

공자 역시 상황에 맞는 적절한 말의 중요성을 강조했다. 나라에 도가 행해지고 있지 않을 때, 즉 모두의 마음에 부정적 감정이 팽배하고 예민한 시기에, 자신의 헛된 공명심을 발휘한다면 어떻게 될까? 설령 성과를 냈다고 하더라도, 이내 부정적 감정의 배출 통로가 될지도 모른다.

중요한 것은 판을 보고, 거기에 속한 사람들의 욕망을 정확하게 파악할 수 있는 안목이다. 그리고 상황에 따라 사람에 따라, 적절한 무게가 실린 한마디를 건네는 것이 필요하다. 아무리 좋은 말도 길어지면 지루해지고, 지루한 말에는

누구도 매력을 느끼지 못한다. 일부러 뽐내는 말이나 아무렇게나 하는 말이 아니라, 적합한 맥락 속에서 목적하는 바를 이룰 수 있는 힘 있는 한마디를 건네는 게 중요하다. 그렇다면 이제 욕망의 유형별로 적절하게 사용할 수 있는 방법을 구체적으로 살펴보자.

1. 상승을 추구하는 유형

이들은 스스로 자기 가치를 증명하기를 바란다. 그들은 자신의 성과와 성장 가능성에 관한 이야기를 듣는 것을 좋아한다. 그들의 영혼은 다음과 같은 말에 격렬하게 반응한다.

- 한 달 만에 이 정도 성과를 낸 것은 당신이 처음입니다. 앞으로가 기대됩니다.
- 힘든 상황에 굴하지 않고 꾸준히 성장하고 있네요.
- 이런 식으로 노력하면, 당신은 업계 최고가 될 겁니다.
- 모든 것이 인상적이네요.
- 언젠가 저에게 큰 도움을 주실 것 같습니다.

이들의 가장 큰 특징은 영웅 심리다. 그들은 자신이 세상의 주인공이라고 생각한다. 그래서 자기 가치를 증명해내는 것이 정말 중요하다. 그들이 원하는 것은 단 하나이기에, 하루의 에너지가 분산되지 않고 집중되어 있다. 목소리가 크거나 행동이 다소 과장되기도 하다. 하지만, 삶의 목표가 일관되고 원하는 바가 분명하기에, 대하는 것이 그리 어렵지 않다. 그들이 원하는 것은 진심이 담긴 한마디의 칭찬과 인정의 말이다. 우선 그들의 노력과 열정을 인정해주는 것이 중요하다.

그들은 모든 일에 지나치게 진지하게 임하고, 자기 자신을 도토리가 아니라 강건한 참나무로 여기고 있다. 그래서 상황이 좋지 않을 경우, 마음속에 억울함을 품고 있기도 하다. 그래서 이들과 친해지고 싶다면, 그런 마음을 잘 활용하는 게 좋다. 그의 성장을 가로막는 장애물의 존재를 짚어주고 그에 관해 이야기를 나눈다면, 다른 그 어떤 말이나 제안을 건넬 때보다 강한 유대감을 얻을 수 있다.

다만 그들은 현 상황과 자신의 성장 가능성에 집중한 상태이기에, 비관적인 견해나 현실적인 조언을 수용할 마음의 여유가 부족하다. 그렇기에 그들에 대한 애정이 있고 좋은 관계를 맺길 바란다면, 먼저 칭찬과 인정의 말을 한 뒤 신중하게 충고나 조언을 하는 것이 좋다.

2. 팽창을 추구하는 유형

팽창 욕망이 강한 사람들은 삶과 세상을 대하는 자신만의 독창적인 패턴이 있다고 믿으며, 이를 다른 이에게 전파하는 것에 큰 보람을 느낀다. 그들은 치열하게 분투한 삶의 여정을 통해 자신만의 독창적인 지혜와 관점을 발견했다고 믿는다. 그래서 그들은 자신의 노하우나 통찰에 대해 이야기하는 걸 좋아한다. 그들의 영혼은 아래와 같은 말에 반응한다.

- 당신은 사안을 바라보는 시야가 넓은 것 같습니다.
- 이 일은 오로지 당신만이 도울 수 있는 일입니다.
- 이 어려움을 극복하기 위해 당신이 정말 필요합니다.
- 정말 그렇네요.
- 당신은 정말 독창적인 것 같습니다.

그들이 가장 필요로 하는 것은 경청이다. 상대가 자기 말을 진심으로 수용하고 있다고 느낄 때, 그들은 더없는 기쁨을 느낀다. 그래서 그들의 호감을 사고 싶다면, 진심으로 조언을 구하고 그들의 통찰을 인정하라. 그들은 인터뷰를 받는 배우처럼 자기 자신을 화두로 삼아서 이야기하는 것을 좋아한다. 경청과 끄덕임, 상황에 맞는 몇 가지 질문으로 관심을 표현하는 것이 좋다.

그들은 자신의 통찰을 자랑하는 동시에, 상황을 설명할 새로운 단어를 고안해내는 것을 좋아한다. 이를테면 워런 버핏이 독점적 경쟁력을 갖춘 기업을 가리켜 '경제적 해자(적의 침입을 막기 위해 성의 둘레에 설치한 연못)'를 구축한 기업이라 말하는 식이다.

또한 그들은 역설을 좋아한다. 역설은 남들과 다른 자신만의 독특한 지적 재치를 발휘할 수 있는 가장 좋은 수단이기 때문이다. 아마존의 창업자 제프 베조스는 2012년 연단에서 다음과 같이 말했다.

많은 사람이 나에게 10년 안에 무엇이 변화할지에 대해 질문하지만, 다음 10년 동안 무엇이 변화하지 않을지는 묻지 않는다. 내 생각에는 후자의 질문이 훨씬 중요하다. 나는 아마존의 고객이 10년 후에도 더 싼 가격과 빠른 배송, 다양한 선택권을 원하는 것을 알고 있다. 그래서 우리는 이러한 변하지 않는 가

치에 더욱 집중하고 있다.

친환경 패션 브랜드로 유명한 파타고니아의 창업자 이본 쉬나드는 환경보호에 힘써야 한다는 명분을 앞세우며, 오히려 '이 재킷을 사지 마세요'라는 광고를 냈다. 역설적으로 이 캠페인은 엄청난 인기를 끌었다.

세계 최고의 전자제품 회사 애플의 창업자 스티브 잡스 또한 "우주의 흔적을 남겨라", "해군이 아닌 해적이 되어라", "나의 비즈니스 모델은 비틀즈다" 등 자신만의 진리가 담긴 숱한 독창적 표현을 남겼다.

자신의 분야에서 탁월한 업적을 이룬 리더들 중에 팽창 욕구가 강한 사람이 많다. 가치는 희소성에서 나오기에, 남들과 다르게 생각하는 그들의 기질은 태생적으로 큰 가치를 잉태할 가능성이 높다. 이들의 팽창적 사고는 과도한 도파민 활성으로 인한 성격적 특성 때문일 수도 있고, 상승 욕구를 실현한 뒤 더 높고 원대한 꿈을 이루기 위해 후천적으로 발현된 것일 수도 있다. 혹은 부족한 데생 실력 대신 자신만의 독창적인 장르를 개척한 현대 추상 예술의 거장 잭슨 폴록처럼, 자신에게 불리한 판 자체를 깨버리는 자구책에서 발동되기도 한다.

어느 쪽으로 팽창 욕구가 발현이 됐든, 이들은 자신의 사고방식이 타인에게 영향을 미치기를 바란다. 그들의 마음을 얻을 수 있는 가장 현실적인 방법은 그들이 사용했던 통찰이 담긴 목적어를 그대로 재사용하는 것이다. 심리학적으로 유대감을 획득하기 위해 상대의 말을 흉내 내는 백트래킹 backtracking 기법을 활용하는 것이다. 예를 들면, 상대의 뒷말을 따라하는 식이다.

그러나 상대의 뒷말을 그대로 따라 하는 일차원적인 백트래킹은 말하는 사람의 사회적 지위를 낮아 보이게 만들뿐더러, 속내만 들키기 쉽다. 팽창 욕구가 강한 사람들은 타인이 자신을 조종하고 통제하는 것은 극단적으로 싫어한다. 그렇기에 단순한 백트래킹 대신, 그들이 사용했던 참신하고 획기적인 단어 몇 가지를 간헐적으로 사용하는 것이 좋다. 그렇게 함으로써 그들은 자신의 독창적 사고방식이 청자에게 영향을 끼쳤다고 느끼게 된다.

3. 균형을 추구하는 유형

자기 삶이 평안하기를 바라는 균형 욕망이 강한 사람들을 대할 때는 적정 거리를 지키는 게 중요하다. 그들은 대체로 현재의 삶에 만족한다. 그들은 당면한 삶의 문제들을 스스로 묵묵히 해결할 뿐, 삶의 형태를 완전히 바꾸거나 세계를 변혁시킬 의욕은 별로 없다. 그들은 극단적인 변화를 싫어하고 안정적인 환경을 추구하며, 새로운 사람이 등장해 자신의 생활과 사고 패턴이 혼란스러워지는 것을 원치 않는다.

따라서 그에게 너무 급격히 다가가거나, 너무 획기적인 제안을 공격적으로 해서는 안 된다. 그들의 영혼은 다음과 같은 말에 반응할 가능성이 높다.

- 이 문제를 당신과 함께 해결해보면 좋겠습니다.
- 이것만 해결되면 모든 게 좋아질 텐데요.
- 우리 딱 이것만 잘 해냅시다.
- 결국 다 잘될 겁니다.
- 하나하나씩 차근차근 해봅시다.
- 이 건만 잘 넘깁시다.

이들은 자기만의 삶의 패턴으로 돌아가려는 관성이 강하다. 따라서 이들과 가까워지려면, 그들의 말과 생활의 리듬을

강자의 언어

깨지 않도록 조심스레 다가가야 한다. 예를 들어, 업무에 열중할 때 갑자기 말을 건다거나, 너무 자주 연락하면 오히려 그들은 마음의 거리를 둘 것이다.

균형을 추구하는 유형이 대하기 어려운 이유는 그들 자신의 부정적 감정을 내색하지 않는다는 데 있다. 그들은 자신이 표출하는 부정적 언어들이 되돌아와 자기 생활에 영향을 끼치는 것을 싫어한다. 그래서 불호의 감정을 숨기거나 묵혀둔다. 하지만 이것들은 사라지는 것이 아니고, 한번 싹튼 불호의 감정은 시간이 지날수록 깊어진다. 다시 말해, 이들에 대한 섬세한 배려가 부족하다면, 자신도 모르는 새 이들과 멀어져 회복될 수 없는 지경이 된다.

이들의 마음을 얻고 싶다면, 먼저 그들이 말하는 템포와 높낮이에 어느 정도 유사하게 맞출 필요가 있다. 그들은 결코 쉽게 타인을 자기 삶으로 끌어들이지 않는다. 자신과 결이 유사하다는 인상을 서서히 주어야 한다. 이들을 이끄는 근원적 정서는 현재에 대한 만족이다. 그래서 그들은 필요한 순간에 체제의 수호자 역할을 할 때가 많다. 그들은 상대의 말에 휘둘리지 않고, 자기 눈으로 본 것을 믿는 성향이 강하다. 그렇기에 그들 앞에서 지나치게 자신만만한 말을 한다거나, 미래에 대한 근거 없는 낙관론을 펼치는 것, 과격한 표현을 쓰며 체제를 비판하는 것을 경계해야 한다. 또한 불편한 과거를 들추어내 대화 소재로 삼는 것도 좋지 않다.

그들은 육아, 여행, 음식, 미디어에 관한 일상적인 스몰토크를 즐긴다. 뚜렷한 목적의식을 갖고 이야기하는 것보다는, 낮은 목소리로 일상에 관한 이야기를 나누며 정서와 생각을 소소하게 교류하는 것에서 만족감을 느낀다. 만약 이러한 이야기들을 지루하게 생각해서 표정에 드러낸다면, 그와의 거리가 순식간에 멀어질 수 있다. 하지만 그들의 온건함을 이해하고, 그에게 시간을 두고 천천히 다가간다면, 누구보다 돈독한 사이가 될 수 있다.

노자는 "잘 가는 사람은 흔적을 남기지 않는다"라고 말했다. 하나의 소우주와도 같이 복잡한 인간을 세 가지 유형으로 분류한 까닭은 이들을 일반화하고 쉽게 조종하기 위해서 그런 게 아니다. 타인을 더 잘 이해하고, 그들과 교류할 수 있는 말들을 소개함으로써, 궁극적으로는 그들과 우리 모두의 이익을 찾기 위해서다.

많은 사람이 타인을 자신의 가치 상승 수단으로 여긴다.

그래서 남에게 자신을 자랑하고 과시하고 해명하기 바쁘다. 그렇게 사람을 하나둘 잃게 된다. 사람들에게 좋은 말을 하는 습관은, 어느 날 우리가 수렁에 빠졌을 때 분명히 도움을 준다. 평소 타인에게 적절한 용기와 위로를 건넸다면, 내가 힘들 때 똑같은 것으로 보상받을 것이다. 반대로 매번 타인을 흉보고 깔보기만 했다면, 역시 힘들 때 똑같은 것을 돌려받게 될 것이다.

우리는 저마다 결핍도 두려움도 소망도 다르다. 그래서 각자 다른 욕망을 자기 삶의 지표로 삼는다. **나와 다른 기준을 가졌다고 해서 틀린 것은 아니다.** 우리는 다양한 몸부림을 있는 그대로 이해해야 한다. 그래야 나의 잠재력을 최대한 발휘할 뿐 아니라, 우리의 잠재력 또한 최대한 발휘할 수 있기 때문이다.

Chapter 8

지형 설계의 기술

❖

싸우기 전에 이기는 사람들의 비밀

❖

상대의 욕망을 파악해 원하는 말을 들려주고, 가치를 인정해줘서 친분을 맺었는가? 그렇다면 관계의 강은 비교적 순탄하게 흘러갈 것이다. 그러나 인간관계의 진정한 강자가 되기 위해 더 고민할 게 있다. 바로 관계의 '지형'이다. 손무는 지형의 중요성을 이렇게 강조했다.

무릇, 먼저 전쟁터에 가서 적을 기다리는 자는 편안하다.

－『손자병법』, 「허실」

236
강자의 언어

거듭 강조하지만, 유능한 전략가는 치열하게 싸워서 멋진 승리를 거두는 사람이 아니라, 싸우기도 전에 이기거나 싱겁게 승리를 거두는 사람이다. 그러기 위해서는 전장에서 유리한 지형을 먼저 차지하는 것이 필수적이다. 예컨대, 손무는 고지대를 등지고 싸우며, 염분이 많은 택지와 유속이 빠른 강을 피하라고 조언한다. 저지대에서 고지대를 향해 공격하려면 평지보다 두 배의 힘을 들여야 하고, 염분과 유속은 군대의 움직임을 어렵게 하기 때문이다.

역사 속 사례를 살펴보자. 살수대첩, 귀주대첩, 명량대첩 등의 놀라운 승리들은 어떻게 가능했는가? 모두 유리한 지형을 차지한 쪽이 이겼다. 반대로 불리한 지형에서 싸운 이들은 대개 처참한 패배자로 이름이 기록되는 치욕을 당했다.

이처럼 유리한 지형을 차지하는 일은 매우 중요하다. 좋은 지형만 차지해도, 이미 승리를 손에 쥔 뒤에 싸우는 것과 같기 때문이다. 임진왜란 때 무려 스무 번을 넘게 싸워 모조리 승리를 거둔 성웅 이순신의 비법이 바로 이것이었다. 그는 언제나 지형을 분석해 승리를 거둘 수 있는 최적의 장소를 찾았고, 마침내 전승의 신화를 거둘 수 있었다.

관계에서도 이처럼 우리 뜻을 쉽게 관철할 수 있는 좋은 지형이 있다. 거북이는 강가, 사자는 밀림에서 자신의 역량을 최대한 발휘한다. 이처럼 우리가 자신의 성향을 알고 다른 사람의 성향까지 파악하면서, 관계의 지형에서 유리한 위치까지 찾을 수 있다면, 감정의 소모나 다른 사람의 시기나 질투를 사는 일을 최소화하면서 우리가 원하는 바를 잘 이룰 수 있다.

예를 들면 이런 것이다. 두 선택지를 놓고 고민하는 경우, 내가 원하는 선택지를 다수가 원하면 다수결을 제안하면 된다. 독선적이라는 평가도 피하면서 목적한 바를 자연스럽게 이룰 수 있다. 아니면, 아예 내가 원하는 두 선택지를 제안하고, 둘 중 하나를 고르게끔 유도할 수도 있다. 그렇게 함으로써, 제안자는 혹시 모를 자신에 대한 반발이나 자신의 사회적 가치의 하락도 방어하면서, 목적을 달성할 수 있다.

이것이 가능하려면 판을 정확히 읽고 자신의 위치를 저지대에서 고지대로 서서히 옮기는 감각을 길러야 한다. 이를 위한 세 단계가 있다.

1. 인정제공자

첫 번째 단계는 인정제공자가 되는 것이다. 앞서 살펴본 기술들은 우리가 좋은 인정제공자가 되도록 돕는다. 사람은 누구나 자신의 가치가 상승하고 보전되기를 원하기에, 누군가 자신의 가치를 지켜주는 말을 하면 큰 위안을 얻는다. "당신은 괜찮은 사람이다" "다만, 무언가가 당신의 진가를 드러내는 것을 방해하고 있다" "그것만 극복한다면 훨씬 더 훌륭한 능력을 발휘할 사람이다" 등의 말로 상대의 자의식이 원하는 것을 들려줘라. 상대가 원하는 것을 해줄 수 있다는 사실만으로 관계의 무게 추는 내 쪽으로 기운다.

이처럼 상대를 인정하는 언어를 습관화한다면, 좋은 평판과 함께 나에게 우호적인 사람들을 얻을 수 있다. 꼭 유익함만을 위해 인간관계를 맺는 것은 아니지만, 우리는 분명 이런 좋은 관계들을 통해 우리가 원하는 바를 좀 더 쉽게 이룰 수 있다.

2. 제안자

두 번째 단계는 제안자가 되는 것이다. 나는 인정을 건네고, 그들은 나에게 인정을 얻는다. 이런 상호적 관계가 구축되면, 그들의 시선은 계속 나에게 머물 것이다. 시선이 머무는 만큼, 상대는 나의 말에 집중하고 있기에 제안하는 것도 쉬워진다. 또한 상대는 나에게 친밀감을 느끼기에, 서로 원하는 바를 편하게 이야기할 수 있다. 또, 이와 같은 정보 개방성으로 인해 서로의 욕망 사이에서 교집합을 찾을 수도 있다. 이렇게 서로에게 응원과 지지, 진심을 통해 교류함으로써 서로에게 신뢰와 권위를 부여하게 된다. 사적인 관계에서든 사회적 관계에서든, 이런 단단한 관계를 맺고 있는 사람은 현명하다는 평가를 받는다. 이런 이미지를 얻게 되면, 조직의 방향을 결정짓는 중대한 의사결정을 할 때에도 발언권이 훨씬 강해지게 된다.

3. 입법자

이런 두 번째 단계에까지 이르게 되면, 남은 것은 마지막 입법자가 되는 것이다. 국가에는 헌법이 존재하고, 회사에는 사규가 존재하며, 우리가 무리를 이루고 살아가는 모든 집단에는 필연적으로 법과 규칙이 존재한다. 이것들은 대개 다수결의 원칙에 의해, 혹은 집단 내 권위자에 의해 결정된다. 제안자로서 구성원 다수의 신임을 얻게 되면, 그 힘을 통해 법과 규칙을 세울 수 있다. 타인을 존중하면서도 자신에게 이익이 되는 규칙을 제시할 수 있는 것이다.

왜 입법자가 되는 것이 중요한가? 길을 만들 수 있기 때문이다. 인적이 드문 숲속에서는 사람들이 되는 대로 걷는다. 하지만, 길을 만들면 사람들은 제멋대로 다니지 않고 닦여진 길을 걷게 된다. 누가 그 길을 만들었는지, 그 길이 정말 올바른지 알지 못하면서도 말이다.

여기서 바로 입법자가 가진 힘이 나온다. 결정을 통제하기를 원하는 군중에게 통제당한다는 인상을 주지 않으면서도 은밀하게 그들이 나아갈 방향을 지시함으로써 원하는 바를 성취할 수 있는 것이다. 시스템 속에 자신의 존재를 숨겨 사람들의 반발심을 자극하지 않으면서도 이익을 취할 수 있다. 하지만 이때 그 길은 강자에게도 이익이 되지만, 다른 모두에게도 이익이 되어야 한다. 소수에게만 이익이 되는 법과 규칙은 언젠가 다수의 반발을 사게 된다. 남들이 걷기 편하면서도 내가 걷기 편한 길을 만들어야, 그 길이 오랜 세월이 지나도 계속 이어질 것이다.

우리가 어떤 조직에 오랫동안 소속되어 있을 거라면, 더더욱 자신의 위치를 인정제공자에서 제안자로, 제안자에서 입법자로 이동시킬 방법을 고민할 필요가 있다. 그래야 더욱 자유를 누리면서, 우리 자신의 가치를 향상하는 선택을 할 수 있기 때문이다. 만약 동창회나 동호회 등과 같이 이해관계가 배제된 친교 목적의 모임이라면, 굳이 입법자의 자리에까지 오를 필요는 없다. 일시적으로 소속된 곳에서 굳이 수고를 더할 필요가 없기 때문이다. 하지만 그 조직에서도 합리적인 제안을 시도함으로써 위치 감각을 익힐 수 있다. 세상의 모든 관계는 나의 위치 감각을 단련시킬 수 있는 무대다. 꾸준히 자신을 단련시켜나간다면, 정말 중요한 시기에 자신이 원하는 바를 이룰 수 있다.

결국 우리의 목표는 상대를 내 편으로 만드는 것이다. 그가 원하는 것을 꿰뚫어 보고 이를 제시함으로써 호감과 신임을 얻고, 좋은 관계를 토대로 제안하고 규칙을 세우는 것이다.

관계의 지형을 파악하고 차지하는 일은 무척 어렵다. 하지만 일단 유리한 지형에 서게 되면, 자신의 인생뿐만 아니라 타인들의 삶의 방향까지 이끌 수 있다. 앞에서 제시한 세 단계의 지적 수행을 잘 마친 이들은 형식과 구조를 자유자재로 만들 힘을 얻게 된다. 탁월한 기업가가 전례 없던 비즈니스 모델을 만들고, 철학자와 예술가들이 새로운 사상의 체계와 형식을 만드는 것처럼 말이다. 그러면 **대중은 그들이 짜놓은**

판 위에 올라 활동한다. 현재 우리가 향유하는 모든 문화의 시작에는 그 구조를 짠 설계자가 있었다. 설령 그가 누군지도 알지 못할지라도, 그 형식을 자연스럽게 따르게 된다. 이처럼 유리한 지형을 차지해 판 자체를 봉제하고 만드는 일에 도달할 때, 우리는 진정한 강자의 위치에 서게 된다.

명분 없는 싸움을 피하라

기원전 479년, 그리스 연합군은 10년 넘게 지속된 페르시아 전쟁의 끝을 보려 하고 있었다. 군사력으로나 경제력으로나 열세였던 그리스 연합군은 자유와 민주주의라는 명분을 앞세워 거대한 제국 페르시아에 맞섰고, 마침내 승리를 눈앞에 두게 되었다.

전쟁의 여파는 컸다. 이후 아테네의 거대한 전함들은 상선으로 바뀌었고, 무역으로 큰돈을 번 상인들이 생겨나면서 귀족의 권력은 축소되어 갔다. 민주주의 사회에서는 말의 힘이 더 중요해진다. 아테네 시민들은 자신의 생명과 재산을 보호하기 위해, 또는 정치적 입지를 마련하기 위해 설득의 기술인 수사학과 논리학을 공부하기 시작했다.

제정 사회에서는 황제나 귀족의 말이 무조건 옳다. 시민들은 옳고 그름을 결정하는 근거를 황제가 공표한 짧은 법이나 말에 두었다. 그러나 그것은 황제의 뜻이 바뀌면 이내 바뀌어버렸고, 옳고 그름의 기준이 상황에 따라 변하니 사회는 혼란스러울 수밖에 없었다.

그러나 민주주의 사회에서는 옳고 그름이 다수의 의견에 따라서 결정된다. 우리가 따르는 법을 정하는 것도 결국 우리가 투표를 통해 뽑은 국회의원들이 모여서 다수결로 통과시킨 것이다. 민주주의 사회의 많은 부분에 이런 '다수 동의의 원칙'이 적용돼 있다. 우리는 자신의 옳음을 증명하기 위해 습관적으로 다수의 권위를 빌린다.

"이 결정은 다수에게 이익이 된다." 이 문장을 반박하기 위해 우리는 "그 결정은 다수에게 이익이 되지 않는다"라고 말하지 "다수에게 이익이 된다고 무조건 옳은 것은 아니다"라고 말하기란 쉽지 않다. 그렇게 말하려면, 상당히 큰 반발을 감내해야 한다. 그것은 이미 사회 구성원 다수가 동의한 거대한 전제이기 때문이다. 오늘날 우리는 집단에 이익을 가져다주는 것을 옳다고 말하고, 집단의 이익을 방해하거나 피해를 주는 것은 옳지 않다고 비난한다. 나아가 집단이 아닌 개인의 이기심을 추구하는 것을 맹렬하게 비난한다.

하지만 다수결의 원칙이 무조건 옳을까? 고대 그리스 사회는 이 원칙에 따라 소크라테스를 처형했고, 나치 독일 역시 이 원칙에 의지해 끔찍한 대학살을 저질렀다. 종종 다수가 아니라 소수의 현명한 사람의 의견이 옳을 때도 있다. 이때 강자는 옳지 않은 주장을 다수가 한다고 그 말을 무조건 따르지 않고, 소수의 옳은 주장을 다수에게 설득할 용기와 능력을 가진 사람이다. 그들에게 옳고 그름의 기준은 다수의 타인에게 있는 게 아니라, 오직 자기 자신에게 있다. 그는 자신의 의지대로 인생을 끌고 나갈 힘을 추구하기에, 기꺼이 리더가 되기를 원한다.

리더^{leader}란 곧 다른 이들을 '이끄는^{lead}' 사람이다. 민주주의 사회에서, 사람들은 자신의 이익만을 내세우는 사람을 리더로 삼지 않는다. 군중 역시 자신의 가치를 상승시키고자 하기에, 이기적인 사람보다는 자신들의 이익도 생각해주는 사람에게 주도권을 내주려 한다. 그들은 자격 없는 사람에게 끌려다니는 것을 모욕이라 생각한다. 그래서 자격과 명분을 잃어버린 이들을 맹렬하게 공격하곤 한다.

이러한 현실에서 진정으로 인생을 자기 의지대로 살아가는 강자가 되려면, 자신이 원하는 바를 충분한 명분을 갖춘 언어로 표현해 다른 이들을 설득할 능력을 길러야 한다.

강자는 타인에게 먼저 인정을 제공해 상황을 자신에게 유리하게 조성하고, 이를 바탕으로 과감히 제안할 용기를 얻으며, 마침내 그 제안을 정교화해서 누구도 반박할 수 없는 수준까지 끌어올리는 것을 목표로 삼는다. 이는 곧 전쟁에서 유리한 지형을 선점하는 것과 같다.

이를 위해 강자는 명분 없는 싸움은 하지 않는다. 아무리 능력이 출중한 사람도 명분 없이 싸우면, 전투에서는 승리를 거둘지언정 결국 전쟁에서는 패배하게 된다. 누구도 그의 승리를 받아들이고, 그를 강자로 용납하지 않기 때문이다. 반대로 명확한 명분을 갖추고 있다면, 설령 몇몇 전투에서는 패배할지라도 전쟁에서는 승리할 수 있다. 다수가 그의 편이 되어줄 것이기 때문이다.

따라서 우리는 명분이라는 승리의 지형을 반드시 선점해야 한다. 이를 선점했다면, 설령 그 속도는 사람마다 다를지라도 결국에는 자신이 원하는 바를 반드시 이룰 수 있다. 우리 역사상 가장 빼어난 인물인 세종대왕이 그 대표적인 사례다. 세종은 한글을 창제해 백성들에게 널리 보급하려 했지만, 이내 수많은 신하의 반발을 마주하게 된다. 대국의 글자인 한자를 버리고, 우리만의 글자를 만드는 것은 옳지 않다는 사대주의 논리였다. 하지만 세종에게는 물러설 수 없는 명분이 있었다. 바로 백성이 제 뜻을 펼 수 있어야 한다는 것이다. "나라의 말이 중국의 말과 달라 한자와 잘 통하지 아니하니, 백성들 가운데 제 뜻을 제대로 표현하지 못하는 이가 많으니라. 내 이를 불쌍히 여겨 새로 스물여덟 자를 만드니, 사람마다 쉽게 익혀 늘 편하게 쓰게 하려고 한다." 유학에서 임금은 백성의 아버지와 같다. 만백성의 아버지로서, 자식에게 이로운 일을 하는 것을 누가 감히 막을 수 있단 말인가?

만약 세종이 한글 창제의 명분으로 개인적인 지적 호기심이나 개인의 명예 등을 내세웠다면, 백성의 지지를 얻어내지도, 끝내 신하들의 반발을 막지도 못했을 것이다. 또한 무분별하게 다수결의 논리만 좇았더라도, 한글을 포기하게 됐을 것이다.

이처럼 훌륭한 리더란 결국 올바른 방향을 찾고, 이를 다수가 동의할 만한 명분을 찾아내 구성원을 설득하는 데 쓸

줄 아는 사람이다. 그렇게 다수를 올바르게 이끌고, 공동체 전체의 힘을 키워나간다.

Chapter 9

평정심의 기술

약자의 프레임

인간의 뇌는 무려 860억 개의 신경 세포가 있다고 한다. 신경 세포가 연결되어 있는 구조를 보면, 거대한 은하의 모습과도 닮아 있다. 마치 우주가 팽창하는 모습처럼, 우리의 방대한 뇌 또한 직간접적인 경험을 통해 실시간으로 새로운 공간들을 계속 만들어낸다.

그런데 우리 뇌는 앞에서 살펴보았듯 비우는 일에 능숙하지 않다. 예를 들어, 부정적 감정과 기억을 몰아내고 싶어서 그걸 비워야겠다는 강박을 가지면 가질수록, 오히려 더 뇌리에 강하게 자리잡는다. 예컨대 "코끼리는 생각하지 마!"라는 말을 들으면, 오히려 코끼리를 머릿속에 떠올리게 된다. 이른바 프레임에 갇힌 것인데, 프레임은 부정하면 부정할수록 오히려 활성화된다. 세계적인 인지언어학자 조지 레이코프는 이를 극복하기 위해선 새로운 프레임이 필요하다고 말한다. 즉, 어떤 부정적 감정이나 기억을 몰아내려면, '그것들을 머릿속에서 몰아내야지'라고 생각하는 것이 아니라, 새로운 긍정적인 생각들로 그 위를 덧칠하는 것이다.[22]

부정적인 감정이나 기억은 싸우면 싸울수록 더욱 강력해진다. 과거에 적개심을 품고, 그것을 지우고 떨쳐버리고 싶어하는 사람들은 오히려 거기서 벗어나지 못한다. 우리는 과거를 바꿀 순 없다. 하지만 언제나 과거와 현재와 미래를 중첩하며 살아가기에, 어떤 현재와 미래를 쌓느냐에 따라 과거를 바라보는 내 시선도 바뀔 수 있다.

지난 시간들을 약자로 힘겹게 살아왔는가? 그렇다면 이제 과거는 그냥 그대로 두고, 그 위에 새로운 희망을 덧칠하자. 부정적인 감정을 완전히 청소할 수는 없다. 부정적인 감정을 생각하면 생각할수록, 오히려 뉴런은 그것들을 복제하여 확장시킨다. 그러므로 우리는 생각의 관점 자체를 바꿀 필요가 있다. **우리가 원하는 것은 약점을 하나씩 극복하는 것이 아**

니라, 그냥 강자가 되는 것이다. 과거를 잊고 청산하는 게 아닌, 오직 현재의 성장을 통해서만 마음의 균형을 되찾고 미래를 내 것으로 만들 수 있다.

우리는 인생이 제 뜻대로 되지 않는다고 느낄 때, 괴로움을 느끼고 상처도 받는다. 뇌의 신경 세포는 이러한 찰나의 두려움을 더욱 확장시킨다. 자연 속에서 인간은 단 한 번의 위험으로도 목숨을 잃을 수 있기에, 우리 뇌는 그런 부정적 경험을 더욱 생생히, 오래 기억하게끔 설계되어 있다. 그래서 순간의 작은 상처로 입은 고통과 상실감도 마치 영원히 지속될 것처럼 느끼게 된다.

그렇게 상처 받은 이는 다음 같은 행동 패턴을 보인다.

1. 어딘가 소속되려 한다

마음에 상처를 입은 사람들은 재빨리 어디든 소속되어 연결되었다는 느낌을 받기를 원한다. 그리하여 과거의 불안과 고통의 잔상을 지우고자 하는 것이다. 하지만 이러한 감정은 오히려 부정적인 결과로 이어지기 쉽다. 사람들의 삶이 참담할수록, 악은 바이러스처럼 재빠르게 퍼져나간다. 제1차 세계대전 이후, 독일 국민의 마음은 패배주의와 열등감에 찌들었다. 게다가 천문학적 전쟁 배상금으로 경제적 고난까지 겪게 됐다. 이들의 마음을 위로해준 것이 바로 '위대한 게르만의 부활'을 외친 나치였다. 실연의 아픔에 허덕이는 사람은 타인의 어설픈 유혹에도 쉽게 휘둘린다. 얼른 다른 누군가와 연결되어 아픔을 잊기를 갈망하기 때문이다.

물론 이러한 소속감에는 우리의 상처를 위로해주고 치유해주는 긍정적인 효과도 있다. 산업화가 급속도로 진행되던 한국의 1960~70년대는 극도로 혼란스러웠고 사회 전반에 걸쳐 불평등과 불균형도 만연했다. 꿈과 욕망을 쫓아 농촌을 벗어나 도시로 온 많은 이가 노동자가 되거나 빈민이 되었다. 그 시기에 가장 큰 호응을 받았던 작품들이 바로 박경리의 『토지』, 황석영의 『장길산』, 김성한의 『이성계』, 이병주의 『지리산』 같은 대하소설이었다. 도시로 떠났던 빈민 노동자들은 자기의 상처 입은 마음을 달래기 위해, 소설을 통해서나마 고향을 찾은 것이다.

2. 자꾸만 과시하려 한다

마음의 상처는 우리를 위축시킨다. 많은 이가 이렇게 움츠러드는 자신을 견디지 못한다. 성미가 급한 그들은 시간이 문제를 해결하도록 두지 못하고, 마치 수컷 공작새가 화려한 무늬를 자랑하듯 자신을 한껏 부풀려 마음의 불안을 지우려고 한다. 따로 들으려 하는 사람도 없는데, 주변에 목소리를 높이고 애써 강함을 연출한다. 평소에는 온건함을 유지하던 사람도, 균형감을 잃고 과시적 행동을 보이는 것이다.

자기 가치에 대한 확신이 강한 사람은 문제가 발생하면 이를 직접 해결하고 조정하려 한다. 지금껏 그런 과정을 통해 성공해왔기에, 뚜렷한 행위 동기를 갖고 있다. 그들은 설령 방향이 틀릴지라도 조수석에 가만히 앉아 있기보다 운전대를 쥐는 쪽을 선호한다.

그렇기에 그들은 상처를 받았을 때에도 가만히 있지 않는다. 자신보다 약한 사람을 공격하면서 자기 권위를 살리려하거나, 불필요한 농담을 던지며 영향력을 확인받고 싶어 한다. 아니면, 분수에 맞지 않는 소비를 하거나, 성과에 조급하게 매달리기도 한다. 초라해진 자신의 모습은 견딜 수 없기에, 상황에 맞지 않는 비이성적인 행동을 하는 것이다.

3. 계속 변명한다

어떤 이들은 자신이 초라해진 이유를 외부로 돌리기도 한다. 사람은 자신을 초라하게 만든 우둔한 실수나 비합리적 선택의 원인을 사회나 조직, 상황, 운 등에 전가하며, 자신이 무능하지 않다는 걸 확인받기를 원한다. 누구나 사신의 어리석음과 무능을 그대로 삼키는 것은 힘들다. 그렇기에 자신을 지킬 서사들을 곧잘 만들어낸다. 그런 허황한 서사가 위선이라는 걸 본인도 속으로는 자각하고 있으면서도, 결국 그것에 의지한다. 현실을 있는 그대로 받아들이기가 너무 벅차기에, 변명을 통해 견디는 것이다.

모든 인간은 대체로 자기 판단과 행동이 옳다고 믿는다. 그래서 그런 확신이 부정당할 때, 삶의 모든 것이 무너진다고 느끼게 된다. 그렇기에 마음의 상처를 입은 사람의 총구는 대개 자신이 아닌 외부를 조준한다.

위와 같은 세 가지 행동양식은 마음의 면역 체계가 건강하게 작동하지 못하는 것을 드러내는 약자의 표식이다. 그들은 자신의 상처를 스스로 봉합할 능력을 상실했기에, 위와 같은 행동들을 지속적으로 반복하게 된다. 그런데 인간의 눈은 대개 세상과 타인을 강자와 약자, 위와 아래 등 수직적 기준으로 판단해 인식한다. 그렇게 인식하는 것이 수많은 데이터를 소화하는 데 훨씬 유리하기 때문이다.

이처럼 사람은 누구나 자신도 모르게 타인을 평가하는 본능을 갖고 있다. 그래서 누군가 마음의 상처를 입고 위와 같은 행동양식을 보이면, '위로해줘야지' 하는 생각이 드는 것이 아니라, '약해져 있구나'라는 생각이 먼저 들게 된다. 그에게 호감 있거나 선한 사람들은 위로를 건네겠지만, 그보다 훨씬 많은 이에겐 그저 손쉬운 먹잇감으로 인식될 뿐이다.

따라서 우리는 남에게 약점을 드러내는 것을 매우 조심해야 한다. 만약 상대에게 존중받기를 원한다면, 더더욱 말이다. 어렵고 힘든 일이 있을수록 마음의 균형을 유지하는 법을 익혀야 한다.

살면서 상처를 받고 부정적 감정이 생겼다면, 그것에 지나치게 매달리거나 단기간에 해소하려고 애쓰지 말라. 궁극적으로 그걸 낫게 하는 것은 시간의 몫이다. 그리고 시간이 그 역할을 해주기 전까지 무너지지 않으려면, 부정적인 감정의 크기만큼의 긍정적인 생각을 반대편에 채워야 한다. 마치 저울의 균형을 맞추는 것처럼 말이다.

타인이 그것을 해주기를 바라지 말자. 오직 자기 자신의 힘으로 자신을 돌볼 줄 알아야 한다. 상처를 입을 때마다 자신이 어려움을 뚫고 성과를 이뤘던 경험, 사랑하는 이들과의 아름다운 추억, 앞으로의 해야 할 일과 꿈 등을 생각하며, 자신을 격려하고 위로해주자.

복은 구한다고 해서 얻을 수 있는 것이 아니니, 즐겁고 활기찬 마음을 갖고 살아가는 것으로 복을 부르는 근본으로 삼을 뿐이다. 또한, 화는 피한다고 피할 수 있는 것이 아니니, 남을 해치려는 마음을 갖지 않는 것으로 화를 멀리하는 방법을 삼을 뿐이다.

－『채근담』

고통에 매몰되지 말라

사회학자 에밀 뒤르켐은 사회 변화가 개인의 자살에 미치는 영향력을 분석했다. 특히, 그는 그리스 도시국가들과 로마 제국이 붕괴할 때 개인의 자살이 증가한 일에 주목한다. 거대한 사회 시스템이 급변할 때, 자살률도 급증하는 이유가 뭘까? 천재지변을 겪거나 사회 시스템이 붕괴되면, 개인은 자기 의지대로 행동할 수 없다. 그렇게 나약해진 개인은 삶에 대한 통제권을 잃어버리고 무력감에 빠져 자살률이 올라가는 것이다.[23]

뒤르켐은 전 세계적으로 이런 '아노미적 자살'이 점점 더 증가하리라 예언했다. 국가, 민족, 종교, 가족 등 개인에게 영향을 미치는 집단과 사회 규범이 느슨해지는 흐름은 개인을 더 자유롭게 만들 것 같지만 결과는 반대다. 과도한 자유 속에서, 개인은 끊임없이 욕망을 추구하다가 끝내 실현되지 않는 욕망에 지쳐 환멸과 허무감에 매몰되기 때문이다. 인터넷과 SNS가 극도로 발전되어 전 세계 모든 사람이 연결되어 있는 모습은 어떤가? 우리는 24시간 언제 어디서든 타인과 연결되어 있지만, 동시에 누구와도 깊은 관계를 맺는 데에는 어려움을 느끼고 있다. 공동체의 붕괴, 연결의 붕괴로 생긴 자유는 개인을 자유롭게 만드는 게 아니라, 오히려 고립으로 몰아넣고 있다.

이런 세상에서 살아남고 진정으로 자유롭기 위해서는 단단한 내력이 필요하다. 여기서 내력이란 "연대를 구하되, 고립을 두려워하지 않는다"라는 자세로 사는 것을 말한다.

"사람이 나물 뿌리만 씹어먹고도 살 수 있다면 세상 모든 일을 이룰 수 있다"라는 송나라 유학자 왕신민의 말에서 제목을 딴 『채근담』은 동양 선비들의 마음 수양록이다. 저자인 홍자성은 이렇게 말한다. "하늘이 내 몸을 수고롭게 한다면 나의 마음을 편안히 하여 수고로움이 도움이 되게 만들고, 하늘이 내 처지를 불우하게 하면 나의 도를 형통하게 하여 불우함을 뚫고 나가니, 하늘인들 나를 어찌하겠는가?"

외부에서 어떠한 일이 벌어지든 흔들리지 않고 순응하고 낙관함으로써 자신을 보호하는 것이다. 외부의 변화는 우리 힘으로 어쩔 수 있는 것이 아니지만, 그것을 마주하는 내면의 단단함은 기를 수 있다. 예컨대, 사회가 아노미적으로 변하는 것은 개인의 힘으로는 도저히 막을 수가 없다. 하지만 그런 변화에 좌절하거나 휩쓸리는 대신, 우리는 내면의 규율을 단단히 다짐으로써 거기에 대처할 수 있다. 우리가 딛고 있는 땅이 흔들릴수록 자신만의 질서와 루틴을 만들고, 어떤 상황에도 흔들리지 않고 그것을 따를 수 있는 단단한 정신과 육체를 단련해야 한다.

오늘날 세상은 하루가 달리 빠르게 변한다. 그런 급격한 변화의 급류에 휘말리지 않으려면, 일상의 고정적인 요소인 질서와 루틴을 세우는 것이 필수다. 그것들은 어떤 혼란스러운 상황에서도 우리가 묵묵히 해야 할 일들을 선물해준다. 어떤 충격을 받았을 때, 그것에 매몰되지 않도록 도와줌으로써 궁극적으로 그 충격을 견디게 해준다. 삶의 중심을 잡는 감각을 익히게 해주는 것이다.

구체적으로 운동이나 산책도 좋고, 독서나 명상도 좋다. 특히 몸을 사용하는 운동을 루틴으로 갖는 건 매우 좋다. 신체적 능력의 향상은 균형적인 호르몬 분비를 도와서 우리가 좋은 방향으로 나아간다는 느낌을 선물한다. 매일 운동하는 습관이 있는 사람은 대체로 자신이 올바른 삶의 방향을 잡고 있다고 느낀다. 매일 꾸준히 성장하고 앞으로 나아간다는 느낌은 종종 현실에서 부정적 상황을 마주하더라도, 결국에는 모든 상황이 차차 나아질 것이라는 낙관론을 갖게 한다.

왜 그런가? 이 세상의 많은 일은 1+1=2의 논리로 굴러가지 않는다. 때로는 1+1=0이 되기도 하고, 1+1=10이 되기도 한다. 하지만 운동만큼은 대체로 1+1=2의 논리가 잘 지켜진다. 운동의 효과는 몸을 움직이는 만큼 배신하지 않고 정직하게 몸으로 나타난다. 이처럼 자기 육체를 통제하고 향상시키는 과정은 노력의 효용을 믿게끔 만든다. 격한 운동을 마치면, 심장은 방망이질 치며 살아 있다는 실존 감각을 생생하게 느끼게 해준다. 그저 하루하루 살아지는 것이 아니라, 의지대로 잘 살아가고 있다고, 삶에 대한 인식을 전환시킨다. 바로 그런 감각, **나의 노력으로 나의 인생을 변화시킬 수 있다는 믿음이 인간의 품격을 만든다.**

인생은 종종 급류처럼 걷잡을 수 없이 우리를 덮친다. 거기에 휘말려 살게 되면, 통제력을 잃고 허무주의에 빠져 삶에 대한 희망과 의지를 상실하게 된다. 따라서 우리에겐 어떤 상황에서도 끝내 자신만의 중심을 찾는 훈련이 필요하고, 그것이 바로 스스로 내면의 규율을 세우고 행동의 루틴을 고수하는 것이다.

우리의 마음은 한없이 자유로울 때가 아니라, 오히려 스스로 정한 규율이 있을 때, 반드시 해야만 하는 일이 있을 때 바위처럼 강해진다. 계속해서 자녀와 손주를 위해 음식을 만들고 집안일을 찾아서 바쁘게 움직이는 노모에게 그만 일하고 이제 좀 쉬라고 말하는 것은 좋지 않다. 의도와 달리 그녀의 소중한 삶의 루틴을 빼앗을 수 있기 때문이다.

정신과 의사이자 홀로코스트 생존자였던 빅터 프랭클을 살아남게 한 것도 규율이었다. 그는 아우슈비츠 수용소에 갇혀서도 정신의학자로서의 본분을 잊지 않았고, 동료 수용자들을 연구하며 그 시련을 견뎠다. 수용소에서 부모와 아내, 남동생을 모두 잃는 엄청난 비극을 겪었지만, 고통에 꺾이지 않고 자기 삶을 재건했다. 그리고 어떤 고통 속에서도 삶에 대한 희망을 찾을 수 있는 '로고테라피'라는 심리치료 기법을 만들어냈다. 그는 다음과 같이 말한다.

인간의 주된 관심은 쾌락을 얻거나 고통을 피하는 데에 있는 것이 아니라, 삶에서 어떤 의미를 찾는 데 있다. 자신이 마주한 시련에 의미를 부여할 수 있을 때, 인간이 그 시련을 기꺼이 견딜 수 있다.[24]

그는 아우슈비츠에서 살아남은 뒤, 재혼해서 자녀와 손주까지 보았다. 여든이 넘은 나이에 경비행기 자격증을 취득했고, 대표작인 『죽음의 수용서에서』를 포함해 40여 권에 달하는 책을 썼다. 그는 자신의 경험과 지식으로 세상에 기여하겠다는 명확한 삶의 목표에 헌신함으로써 비극을 이겨낼 수 있었다. 그는 좌절하지 않고 오히려 담대하게 삶의 시련에 순응했고, 이를 지적·영적 성장을 위한 밑거름으로 삼았다.

프랭클의 사상을 한 문장으로 표현하자면 다음과 같다. "왜 살아야 하는지 아는 사람은 그 어떤 상황도 견뎌낼 수 있다." 그는 아우슈비츠에서 무언가에 헌신할 대상이 없는 수용자일수록 빨리 죽는 것을 목격했다. 반대로 살아야 하는 이유가 있는 사람일수록, 고통을 더 잘 견뎌냈다. 그래서 로

고테라피에서는 고통과 실의에 빠진 내담자를 위해 삶의 목표를 설정하는 것을 돕는다. 굳이 과거를 곱씹고 상처를 헤집지 않더라도, 목표가 있고 삶의 의미만 있다면 고통에 매몰되지 않고 자기 삶을 살 수 있는 것이다.

매일 루틴처럼 하게 되는 일을 사랑하는 것도 좋은 삶을 살기 위한 요긴한 방법이다. 일 중독자가 되라는 말이 아니다. 그저 일을 돈을 벌기 위한 수단이자 괴롭고 견뎌야 하는 걸로만 여기지 말고, 그 안에서 의미를 발견해 인생의 과업으로 삼으라는 뜻이다.

예일대학교 경영학과 교수 에이미 브제시니에프스키는 피험자들이 자기 일을 보는 관점을 기준으로 그들의 행복도를 측정했다. 그리고 일을 생계 수단으로 보는 유형, 커리어의 과정으로 보는 유형, 소명으로 보는 유형 중에서 소명이라 보는 유형의 행복도가 압도적으로 높은 것을 확인했다.[25]

신체적으로나 정신적으로 나약한 인간은 살아남기 위해 계속해서 더 많은 것, 더 높은 곳으로의 향상을 원하는 욕심을 키웠고, 불확실한 위협에 대비하기 위해 손실회피 성향과 부정 편향을 키워왔다. 욕심이 많으나 자신만의 과업을 설정하지 못해 그 욕심을 건강하게 해소하지 못한 인간은 나머지

두 성향 때문에 쉽게 후회하고 사회와 타인을 비방하고 원망하게 된다. 인간 본연의 품격을 잃고 추해지는 것이다.

하지만 제대로 된 자신만의 과업을 설정한 사람은 그것을 통해 삶의 의미를 추구하면서 불만족을 해소한다. 비록 그 과정이 무척 고되고 때로 험난할지라도, 앞으로 다가올 미래에 대한 기대로 그것들을 승화시킨다. 그리하여 어떤 상황에서도 자신의 품격을 지킨다.

내면의 목소리

❖

강자는 단단한 내력을 갖췄기에, 그의 마음은 외부 환경과 상관없이 늘 평온하다. 마음을 가다듬고 정신을 집중하여 번뇌에 시달리지 않으며, 자신이 해야 할 일을 할 때 무아정적無我靜寂의 경지에 몰입한다.

강한 마음의 본질은 받아들임이다. 이는 명상의 본질과도 맞닿아 있는데, 호흡을 통해 스스로를 자각하고, 자신과 세상을 있는 모습 그대로 받아들이는 과정을 통해 마음의 평온을 찾는 것이다. 그 과정에서 과도하게 부풀려진 자의식은 원래 크기로 되돌아가고, 그저 하나의 생명체로서의 자기 자신을 인식하게 된다.

살면서 괴롭고 슬프고 힘겨운 일을 겪을 때는 어떻게 해야 할까? 내 마음을 직시하면서, 진솔하게 소통하는 것이 도움이 된다. 우리에게 일어나는 많은 일은 의외로 시간이 지나고 나면 별것 아닌 경우가 많다. 우리를 괴롭히는 고통의 원인은 실제로는 외부의 사건 자체가 아니라, 그것을 받아들이는 마음에 있기 때문이다.

동양의 불교나 서양의 스토아철학 모두 비슷한 삶의 지혜를 전한다. 불교는 '두 번째 화살'을 맞지 말라고 조언한다. 우리에게 이미 일어난 일은 '첫 번째 화살'이다. 예상치 못한 재난을 당하거나 큰 실수를 저지르면, 아무리 붓다라도 괴롭고 슬프다. 하지만 그는 일어난 일을 있는 그대로 받아들일 뿐, 그것을 계속 곱씹으며 두 번째, 세 번째 화살을 자신에게 쏘지 않는다. 스토아철학의 핵심 메시지도 비슷하다. 우리가 통제할 수 있는 것을 용기 있게 바꾸고, 바꿀 수 없는 것을 평온하게 받아들이며, 또한 둘의 차이를 지혜롭게 분별하자는 것이다.

이것이 가능하기 위해선 자신과의 소통이 중요하다. 언어는 우리가 타인과 소통하기 위한 도구이지만, 동시에 내면의 나와 소통하기 위한 도구이기도 하다. 만약 제대로 소통하지 못하면, 설령 외적으론 남들이 부러워하는 큰 성과를 거두더라도 공허함을 느낄 수밖에 없다. 자신이 정말 원하는 것은 여전히 이루지 못한 상태이기 때문이다.

그렇다면 나와는 어떤 방식으로 소통해야 할까? 우리가 지금까지 살펴본 강자의 언어자본은 여기서도 활용될 수 있다. 즉, 때에 따라 강화와 역화의 기술을 적절히 활용해 동기부여를 하고, 현재 내 욕망이 어떤 유형이며 무엇을 바라는지 정확히 인식하며, 고통이나 과거에 매몰되지 않고 현재의 노력으로 미래를 바꿀 수 있다는 강한 믿음을 갖는 것이다.

절대로 자기 욕망을 부정하거나, 자신을 비난하고 깎아내리지 말자. 만약 누군가 나를 계속 부정적으로 평가하면, 나쁜 영향을 안 받을 수 없다. 그런 이와의 관계는 과감히 끊어내야 한다. 그런데 그런 가스라이팅을 하는 존재가 타인이 아닌 나 자신이라면 삶이 어떻게 되겠는가?

뇌과학자, 정신건강의학 전문의들과 마음근력 연구에 집중해온 김주환 교수는 바람직한 내면 소통의 중요성에 대해 이렇게 설명한다.

내가 나에게 들려주는 따뜻하고도 사랑스러운 내면소통은 마음근력 훈련의 강력한 요소가 된다. 성인이 된 후에도 양육자의 보살핌과 사랑의 목소리를 회상하고 그것을 스스로의 목소리를 통해 자기 자신에게 이야기해주는 것은 매우 효과적인 내면소통 훈련이 된다. 이러한 긍정적인 셀프토크는 특히 감사하기 훈련이나 자기긍정 긍과 결합하면 전전두피질 신경망의 활성화 효과를 보인다.[26]

　마치 내 가장 소중한 아이에게 할 법한 말을 나 자신에게 해주자. 조금 부족하고 서툴러도 따뜻하게 응원해주고 격려해주면, 아이는 결국 멋지게 잘 자란다. 내가 나에게 해주는 말 역시 마찬가지의 위력을 발휘한다. 내가 쓰는 언어에는 분명 내 현실을 더 낫게 바꾸는 힘이 있다. 그래서 진정한 강자는 타인과의 소통뿐만 아니라 자기 자신과 소통할 때도 좋은 언어를 사용하기 위한 노력을 게을리 하지 않는다.

　조선 시대 명재상으로 유명한 황희에 관한 일화가 있다. 젊은 시절, 그는 시골길을 걷다가 누렁소와 검은소가 일하고 있는 모습을 봤다. 문득 어떤 소가 더 일을 잘하는지 궁금해진 그는 멀리 있는 농부에게 물었다. 그러자 농부는 가까이 다가와 귓속말로 이렇게 말했다. "누렁소가 더 잘합니다."

황희는 그 말을 굳이 걸어와서 귓속말로 하냐고 물었다. 어차피 소는 사람 말도 못 알아듣는데 말이다. 하지만 농부는 단호하게 말했다. "아닙니다. 비록 미물이지만, 그래도 자기 험담하는 소리는 알아듣습니다."

인간의 마음도 이와 같다. 내가 속으로 하는 생각은 반드시 내가 들을 수밖에 없다. 생각은 언어로 이루어져 있으며, 비록 밖으로 내뱉지 않아도 내면에 반드시 영향을 미친다. 종종 타인에게는 관대하면서 자신에게는 지나치게 엄격한 사람이 있다. 그들 역시 강자의 언어를 사용해, 자기 자신과 친절하면서도 깊고 진솔한 소통을 할 필요가 있다.

이처럼 나 자신에게도 강자의 언어로 말할 수 있는 사람만이 우리가 궁극적으로 추구해야 할 탁월한 심리자본을 갖출 수 있다. 거절에 대한 두려움 없이 편하게 제안하는 사람. 회복탄력성이 높아 실패하더라도 가볍게 털고 일어나는 사람. 매사에 관대하고 심리적 여유가 넘치는 사람. 늘 더 나은 삶을 추구하는 성장 마인드셋으로 무장한 사람. 당신도 이런 품격 있는 심리자본을 갖추고 싶지 않은가? 그렇다면 지금 당장 내가 나한테 하는 언어부터 바꾸는 훈련을 하자.

자신만의 소명을 찾아라

❖

"내일 지구가 멸망해도 나는 오늘 한 그루의 사과나무를 심겠다"라는 말로 유명한 철학자 바뤼흐 스피노자는 1632년 네덜란드 암스테르담에서 포르투갈계 유대인의 아들로 태어났다. 스무 살 되던 무렵 진학한 라틴어 학교에서 스승의 딸과 사귀었는데, 그녀는 그만 다른 부유한 구혼자에게 끌려 그를 배신했다. 스피노자는 큰 상실감에 빠졌지만, 절망에 자신을 내주는 대신 철학의 길을 걷기로 결심한다. "우리는 신을 사랑하지만, 신으로부터 보상을 기대하지 않는다"라는 말로 모든 분노와 상처를 내려놓은 것이다.

그는 평생 철학자로서 신념을 지키며 살았다. '세상에 존재하는 것이 모두 신이다'라는 범신론적 시각을 설파하는 바람에 교회의 심문을 받았지만, 현실과 타협하지 않았다. 결국 파문을 당해 지독한 가난과 고독 속에서 살게 됐지만, 마음은 오히려 평온했다. 그는 학창 시절 익혔던 안경 렌즈 깎는 일을 하며 생계를 이어갔다. 비록 서른세 살에 발표한 『에티카』가 종교적 이유로 출판을 거부당하고, "소름 끼치는 괴물", "우둔한 악마", "돌아버린 멍청이", "건전한 이성과 학문을 해친 노상강도요 살인자"라는 세간의 비난을 받았지만, 전혀 개의치 않았다. 묵묵히 자기 할 일을 한 것이다.

훗날 그의 철학을 숭배하고 따르는 이가 늘어나면서 마침내 인정을 얻게 되자, 프랑스 왕 루이 14세는 다음에 출판할 저서를 자신에게 바친다면 거액의 연금을 주겠다고 제안한다. 하지만 스피노자는 이렇게 말하며, 그 제안을 단숨에 거절한다. "나는 나의 책을 오직 진리 앞에만 바치겠다."

그가 죽기 몇 해 전에는, 학자로서 자유와 명예가 보장된 하이델베르크대학교 교수 자리마저 아래와 같이 거절한다.

저를 움직이는 것은 좀 더 나은 지위에 대한 희망이 아니라, 다만

평안에 대한 사랑입니다. 공적인 자리에서 떨어져 있음으로써, 저는 제 평안을 유지할 수 있다고 봅니다.

스피노자는 자신에게 가해진 핍박에 좌절하거나 쓸데없이 싸우지 않았고, 숱한 증오와 미움을 받으면서도 평정심을 유지했다. 그는 이렇게 말한다. "나는 각자가 자신의 본성에 따라 살도록 내버려둘 것이다. 따라서 원하는 사람은 자신의 구원을 위해 죽을 수도 있을 것이다. 그러니 나 또한 진리를 위해 살 수 있도록 내버려두어라."

스피노자는 평온한 관찰자의 시선으로 세상과 자기 삶을 바라보았다. 그는 그렇게 미움과 불운에 삼켜지지 않고 자신만의 꽃을 피워냈다. 외부에서 일어난 숱한 불행과 상관없이 매일 사과나무 한 그루를 심듯 하루하루 충실하게 살았다.

인생은 영원한 불만족의 연속이지만, 외부나 타인에게 그것을 채우려 할 때 우리는 오히려 더 큰 불만족을 느끼게 된다. 그래서 강자는 중심을 단단히 잡고 할 일을 차분히 해나가는 과정을 통해 자신만의 낙원을 찾는다. 행복의 기준점은 타인이 아니라 자신에게 있다. 나의 가치를 향상시키는 것 역시 타인이나 세상이 아니라 나 자신이다. 자신이 짊어져야 할 짐을 타인에게 맡겨서는 안 된다.

스토아학파의 창시자 제논은 부유한 무역상이었으나, 뜻하지 않은 태풍으로 하루아침에 막대한 재산을 송두리째 잃었다. 하지만 그 경험으로 좌절하는 대신, 오히려 불행에 집착하지 않고 평정심(아파테이아)을 찾는 것이 행복의 길이란 것을 깨닫는다.

후기 스토아학파의 대표적인 철학자 에픽테토스 역시 서른 살까지 고통과 굶주림 속에서 살아가던 절름발이 노예 신세였으나, 그런 상황 속에서도 자신의 정신만큼은 자유로울 수 있다는 진리를 깨닫고 철학 공부에 매진했다. 그리고 마침내 자유가 주어졌을 때, 그는 황제의 존경을 받는 철학자로 다시 태어날 수 있었다.

공자도 마찬가지다. 그는 세상을 올바르게 인도하겠다는 정치가의 꿈을 품었지만, 누구도 그에게 중책을 오래 맡기지 않았고 거의 평생 방랑하며 직장을 구해야 했다. 병법가 손무 또한 내란을 피해 전국을 방랑하면서 세상이 안정을 되찾을 방법을 연구했다.

이처럼 인류의 오랜 역사 속에서 존경받은 강자들은 이처럼 모두 좌절을 겪었다. 하지만 그들은 인생의 숱한 굴곡 속

강자의 언어

에서 자기 소명을 찾고, 해야만 하고 하고 싶은 일을 이어갔다. 우리는 수천 년의 시간을 뛰어넘어, 그들이 남긴 가르침을 따르고 존중한다. 『채근담』은 말한다.

스스로 주체가 되어 사물을 움직이면, 얻는 것이 있어도 과하게 기뻐하지 않고 잃는 것이 있어도 과하게 근심하지 않는다. 드넓은 대지 어디서나 자유롭게 거니는 것이다. 이와 반대로 사물이 주체가 되어 내가 부림을 당하면, 일이 뜻대로 안 되는 것에 원망하고 뜻대로 되는 것에 집착하여 터럭만 한 사소한 일에도 얽매이게 된다.

자기 삶의 당당한 주체로 자유롭게 살아갈 것인가, 아니면 매번 세상과 타인에게 휘둘린 채 살아갈 것인가? 다시 말해, 강자로 살 것인가, 약자로 살 것인가? 이제 선택지는 당신에게 있다.

✟

마음의 소리에 귀 기울이며
나만의 길을 걸어가라

**원래 지상에는 길이 없었다. 지나다니는 사람들이 많아지면,
그것이 곧 길이 되는 것이다.**

－루쉰, 「고향」

먼저 살아간 이들이 남긴 궤적은 길이 되어, 그것을 뒤따르는 이들에게 도움을 준다. 이 책에서 나는 강자의 언어에 대해 길게 이야기했지만, 그것이 곧 내가 강자라는 말은 결코 아니다. 오히려 나는 인생의 많은 순간을 약자로 살아왔으며, 지금도 그 면모들은 여전히 곳곳에 남아 있다. 하지만

천재적인 운동 선수만이 천재적인 감독이 되는 것은 아니다. 오히려 선수 시절엔 볼품 없던 사람이 훌륭한 감독이 되는 경우가 많다. 선수들이 어떤 어려움에 처해 있는지 누구보다 잘 이해할 수 있기 때문이다.

나는 여기서 용기를 얻었다. 이 책은 강자의 면모들은 이러하다 하고 뽐내는 책이 아니다. 오히려 미성숙했던 시절의 경험을 토대로, 독자들과 함께 약자에서 강자로 성장해나가자고 조심스럽게 제안하는 책이다. 이 책을 통해 여러분이 어떤 경험을 했는지, 어떻게 생각하는지, 그 이야기들을 나누고 싶다.

다소 장황하게 떠들었지만, 세상에는 이 책에서 말하는 것들을 묵묵히 삶에서 실천해 보이는 진정한 강자들이 많다. 나 역시 그들에게서 많은 영감을 받는다. 얼마 전, 가수 이효리의 대학교 졸업식 축사가 큰 화제가 된 적이 있다.

여러분들은 그냥 여러분 마음 가는 대로 사십시오. 여러분들을 누구보다 아끼고 올바른 길로 인도하는 건 그 누구도 아닌 여러분 자신이며, 누구의 말보다 귀담아들어야 하는 건 여러분 자신의 마음의 소리라고 생각합니다. (중략) '나는 나

약해' '나는 바보 같아' '나는 더 잘할 수 없는 사람이야' 같은
부정적인 소리는 진짜 자신의 소리가 아닙니다. 그 소리 너
머의 진짜 내가 최선을 다해서 '넌 잘하고 있어' '넌 사랑받
을 자격이 있어'라고 목청 터져라 이야기하고 있다는 걸 이
제 조금씩 느낍니다.[27]

이 책에서 궁극적으로 하고 싶었던 말도 위의 연설과 크
게 다르지 않다. 강자가 될 수 있는 씨앗은 이미 각자의 내면
에 담겨 있다. 다른 누군가의 삶과 지혜가 약간의 참고는 될
지 몰라도, 결국 우리가 걸어갈 길은 우리 자신만이 알고 있
다. 이 책을 읽은 독자들 역시 이 점을 유념하기를 바란다.

책을 쓰면서 많은 어려움이 있었지만, 지나고 보니 모든
여정이 즐거웠다. 인생은 온갖 어려움에도 불구하고, 결국 이
렇게 자신의 두 발로 뚜벅뚜벅 앞으로 나아가는 과정의 연속
일 것이다. 행복은 어떤 목적지에 도달할 때 과실로서 주어
지는 것이 아니라, 그 고단하면서도 알찬 여정, 그 자체에서
생겨나는 것일 테니까. 부디 나의 여정 또한 뒤따르는 이들
에게 조금이나마 도움이 되었기를. 그 과정에서 저지른 실수
와 잘못이 있다면, 그 역시 반면교사가 되기를 바란다.

인생은 고통스럽지만, 너무나도 아름답고 흥미진진한 것이다. 그 여정에서 우연히 만난 우리가 서로에게 조금이나마 용기와 위로를 건네주었기를 소망해본다.

주

1 피에르 부르디외, 『구별짓기』(상하), 새물결, 2005.

2 애나 렘키, 『도파민네이션』, 흐름출판, 2022.

3 MA Raghanti et al, "Aged chimpanzees exhibit pathologic hallmarks of Alzheimer's disease", 《Neurobiology of aging》 59, 107-120.

4 고인원, 「도파민이 다른 동물과 인간을 구별하는 방법」, 《리서치페이퍼》, 2017.11.14.

5 데즈먼드 모리스, 『털 없는 원숭이』, 문예춘추사, 2020.

6 레온 페스팅거 외, 『예언이 끝났을 때』, 이후, 2020.

7 「헤어디자이너 차홍 / 내 인생을 바꾼 칭찬 한마디」, 셀레브, 2019.9.30. (https://www.youtube.com/watch?v=5wdHJBT6Muk)

8 에디스 홀, 『열 번의 산책』, 예문아카이브, 2020.

9 로버트 그린, 『인간 욕망의 법칙』, 웅진지식하우스, 2021.

10 이정규, 「경찰과 실랑이 벌이던 '당산역 취객' 안아준 청년 '화제'」, 《경향신문》, 2019.2.20.

11 조셉 드 라 베가, 『혼돈 속의 혼돈』, 스마트비즈니스, 2023.

12 김도현, 「'서프라이즈' 3살 위였지만 친구 이상의 우정을 다져왔다」, 《인천일보》, 2019.8.14.

13 니콜로 마키아벨리, 『군주론』, 까치, 2015.

14 대니얼 Z. 리버먼 외, 『도파민형 인간』, 쌤앤파커스, 2019.

15 장 프랑수아 만조니 외, 『필패 신드롬』, 위즈덤하우스, 2022.

16 이성규, 「제시 리버모어, 역 포지션의 승부사」, 《이코노믹 리뷰》, 2015.6.18.

17 송기섭, 「비방과 칭찬의 역설」, 《매일신문》, 2022.12.6.

18 아놀드 조셉 토인비, 『역사의 연구』, 동서문화사, 2007.

19 조너선 와이너, 『핀치의 부리』, 동아시아, 2017.

20 필 나이트, 『슈독』, 사회평론, 2016.

21 위의 책

22 조지 레이코프, 『코끼리는 생각하지 마』, 와이즈베리, 2015.

23 에밀 뒤르켐, 『자살론』, 청아출판사, 1994.

24 빅터 프랭클, 『죽음의 수용소에서』, 청아출판사, 2017.

25 최인철, 『굿 라이프』, 21세기북스, 2018.

26 김주환, 『내면소통』, 인플루엔셜, 2023.

27 「모두에게 위로가 되는 98학번 이효리의 국민대 졸업식 축사 연설」, 한국일보, 2024.2.14. (https://www.youtube.com/watch?v=d29I12ikV8Y)

강자의 언어

초판 1쇄 인쇄 2024년 2월 26일
초판 1쇄 발행 2024년 3월 5일

지은이 김단

편집 김대한
디자인 studio forb
마케팅 (주)에퀴티
제작 (주)공간코퍼레이션

펴낸이 윤성훈 **펴낸곳** 클레이하우스(주)
출판등록 2021년 2월 2일 제2021-000015호
주소 경기도 파주시 회동길 530-20, 402호
전화 070-4285-4925 **팩스** 070-7966-4925 **이메일** clayhouse@clayhouse.kr

ISBN 979-11-93235-13-3 (03190)

클레이하우스(주)가 더 나은 책을 펴낼 수 있도록 의견을 남겨주시거나 오타를 신고해주세요.
QR코드에 접속해 독자 설문에 참여해주신 분께 추첨을 통해 선물을 드리겠습니다.